V&R

Matthias Günther

Menschen – Psychologische Impulse aus der Bibel

Mit 4 Abbildungen

Vandenhoeck & Ruprecht

Biblisch-theologische Schwerpunkte

BAND 34

Bibliografische Information der Deutschen Nationalbibliothek

Die Deutsche Nationalbibliothek verzeichnet diese Publikation in der
Deutschen Nationalbibliografie; detaillierte bibliografische Daten sind im
Internet über <http://dnb.d-nb.de> abrufbar.

ISBN 978-3-525-61614-7

Umschlagabbildung: Lovis Corinth, Der Apostel Paulus
© Kunsthalle Mannheim, Foto: Margita Wickenhäuser

Satz: weckner media+print GmbH, Göttingen
Druck und Bindung: ⊕ Hubert & Co, Göttingen

Gedruckt auf alterungsbeständigem Papier.

Inhalt

I. Einleitung:
Individualpsychologische Impulse
aus der Bibel

„Du bist der Christus!"

Petrus zu Jesus (Mk 8,29)

Als Jesus vor den Hohen Rat geführt wurde, folgte Petrus ihm nach – von ferne (Mk 14,54). Er brachte Raum und Zeit zwischen sich und den Christus, zu dem er sich bekannt hatte. Sein Treueschwur galt. Wenn die anderen Ärgernis nähmen, er nicht (Mk 14,29). Selbst wenn er sterben müsste, er würde ihn nicht verleugnen (Mk 14,31).

Die Distanz auf dem Weg von Gethsemane zum Palast des Hohenpriesters bot Petrus Schutz, nicht nur vor der Schar mit Schwertern und Stangen, die Hand an Jesus gelegt hatte, vor allem vor einem Bekenntnis, das man coram publico von ihm fordern würde: Ist Jesus der Christus, der Sohn des Hochgelobten (vgl. Mk 14,61)? Dazu durfte es nicht kommen. Und dazu konnte es nicht kommen. Eine Wegstrecke, eine Zeitspanne dazwischen verhinderte es – er folgte ihm nach, nah genug und zugleich fern genug, um treu zu bleiben.

Petrus arrangierte die Distanz – eine Ausdrucksform, die allein von seinem Ziel her verstehbar wird. Er war derjenige, der es zuerst wusste: Jesus ist der Christus; er würde derjenige sein, dessen Treue bis zuletzt nicht wankte. Durch den Abstand konnte er die an sich selbst gestellte Forderung aufrecht erhalten. Die Entscheidung, ob er seiner Forderung gerecht werden würde, brauchte er nicht zu fürchten, solange sie sich verzögerte. Und die Distanz legitimierte die Verzögerung: Wäre nicht Raum und Zeit zwischen beiden, so würde er ganz bei Jesus, dem Christus, sein.

„Eine kleine Weile" konnte sich Petrus in der Balance von Nähe und Ferne halten, dann fiel er. „Du bist einer von denen." – „Ich kenne den Menschen nicht, von dem ihr redet" (Mk 14,70f).

Petrus, ein tragischer Held, den Helden in der Dichtung gleich?

Alfred Adler (1870–1937), der erste Dissident aus dem Kreis um *Sigmund Freud*, wies bereits 1914 darauf hin, die „Technik", besser: Strategie, Distanz zu arrangieren, Kennzeichen der Lebenslinie tragischer Helden, sei „sichtlich am Leben abgelauscht". Menschen, die sich einem Problem nicht gewachsen fühlen, dennoch vor sich und anderen den Eindruck erwecken möchten, sie arbeiteten an der Problemlösung, nutzten die Distanz als Mittel, eine räumliche oder zeitliche Trennung vorzunehmen.

Seit 1926 verwendete *Adler* den Begriff „Lebensstil", um die als einmalig, einheitlich und zielgerichtet gedachte Lebenslinie, die Dynamik eines Individuums, zu beschreiben. Sie durchziehe „wie eine seltsame Melodie" sein Leben. Keine Ausdrucksform eines Menschen könne für sich genommen verstanden werden – man bleibe im Bereich von Vermutungen, frage man nach dem Woher; doch sobald das dem Menschen vorschwebende Ziel erfasst ist, sei jede einzelne seiner Ausdrucksformen als Teil der Dynamik (des Wohin) verstehbar.

In diesem Band wird individualpsychologischen Impulsen aus der Bibel nachgespürt, oder – in zunächst entgegengesetzter Richtung –: eine lebensstilorientierte Bibelerschließung als ein neuer Weg lebendiger Bibelauslegung vorgestellt.

Zweifellos unterscheidet sich die Bibel von den Sagen, Märchen, Fabeln und Mythen der Dichter dadurch, dass sie ein Glaubenserfahrungsbuch ist – und eine Glaubenserfahrung lässt sich nicht psychodynamisch decodieren. Doch gehen die grundsätzlichen Möglichkeiten eines Menschen, zu erleben und sich zu verhalten, das Erleben und Verhalten als Gestaltung der eigenen Lebensbewegung zu erfahren, der Glaubenserfahrung voran und folgen ihr nach. Im Erwartungshorizont der christlichen Gemeinde ist sie der Wendepunkt zwischen dem Alten und dem Neuen, die unverfügbare Erfahrung des Christus – in psychologischer Perspektive mag man sie mit *Abraham Maslow* „peak experience", „Gipfelerfahrung" nennen.

Obgleich doch ganz und gar innere Erfahrung, wird sie allgemein zugänglich im Rückblick der biblischen Menschen auf ihr einstiges Erleben und Verhalten und im Ausblick auf ihr zukünftiges.

Die lebensstilorientierte Bibelerschließung ermöglicht die Begegnung mit einem Menschen in der Bibel, als Erstbegegnung mit einem Fremden oder als neue Begegnung mit einem Vertrauten. Einem biblischen Menschen als Person im Sinne historischer Einmaligkeit, als einem Mitmenschen vergangener Zeit zu begegnen, ihn nach seinem Erleben und Verhalten, nach seinem Lebensstil zu befragen und sich von ihm befragen zu lassen, baut eine Brücke über den Graben zwischen Tradition und Situation. Nicht wahrgenommene oder unverstandene eigene Ausdrucksformen können zur Quelle der Erkenntnis werden. Die sich im Fragen und Gefragtwerden stufenweise erweiternde Wahrnehmung kann Alltägliches und Selbstverständliches aufbrechen und neuer, je eigener Glaubenserfahrung einen Raum öffnen.

Zwei Möglichkeiten der Lektüre dieses Bandes bieten sich an: Wer vor allem an der Begegnung mit den Menschen in der Bibel interessiert ist, kann bei Kapitel V einsetzen und die grundsätzlichen Überlegungen in Kapitel II–IV Zug um Zug hinzuziehen. Wer mit dem Grundsätzlichen beginnt, mag die Beispiele als Erprobung lesen. Die Abschnitte in Kapitel IV.2 („Die Methoden der lebensstilorientierten Bibelerschließung") und in Kapitel V („Beispiele") sind gleich aufgebaut:

- Biblisch-theologische Erschließung
- Lebensstilorientierte Annäherung
- Beziehung auf das eigene Leben

Drei Leitworte überschreiben die Kapitel II–IV.

„Am Leben abgelauscht": *Adler* sieht in der Dichtung Glanzpunkte der Persönlichkeitserkenntnis. Den Dichtern sei es am besten gelungen, dem Lebensstil eines Menschen auf die Spur zu kommen. Kapitel II („Der Lebensstil biblischer Menschen in psychologischer Perspektive") führt in die individualpsychologischen Grundlagen der lebensstilorientierten Bibelerschließung ein.

„Den Kurs des Lebensschiffes lenkt *ein unsichtbarer Steuer-*

mann", schreibt der Individualpsychologe und Pädagoge *Oskar Spiel* 1947. Kapitel III („Der Lebensstil biblischer Menschen in religions- und gemeindepädagogischer Perspektive") lädt ein, individualpsychologische Impulse aus der Bibel in die Praxis in Schule und Gemeinde einfließen zu lassen.

„Wir müssen *das Interesse eines Menschen am Mitmenschen* zeigen; kein Interesse könnte wahrer und objektiver sein" (*Adler*, 1931). Das Axiom individualpsychologischer Theorie und Praxis steht über Kapitel IV („Lebensstilorientierte Bibelerschließung"), in dem die Methoden begründet und nach den Grenzen gefragt wird.

Die Beispiele (Kapitel V) verstehen sich als Annäherungen an die Lebensstile biblischer Menschen ante Christum, als Rückblicke vom „Gipfel ihrer Glaubenserfahrung" aus – und, soweit möglich, als Ausblicke, die sich ihnen für ihr Leben post Christum auftaten. Der Blick richtet sich auf Simon aus Galiläa (den vorösterlichen Petrus), auf Saulus aus Tarsus (den vorchristlichen Paulus), auf den Besessenen aus Gerasa (Mk 5,1–20) und auf die trauernde Maria aus Magdala (Joh 20,1–18). Zum Schluss (Kapitel VI) soll die „Gipfelerfahrung" selbst in Sprache kommen – in einer Predigt.

Zwei Hinweise:

– Einzelne Passagen der vorliegenden Arbeit basieren auf bereits veröffentlichten Texten. Sie werden in Kapitel VII aufgeführt.
– Die Bibeltexte werden nach der Lutherübersetzung in der revidierten Fassung von 1984 (© 1999 Deutsche Bibelgesellschaft, Stuttgart) zitiert. Korrekturen stehen in eckigen Klammern.

Die Auslegungen in Kapitel V wurden bei verschiedenen Gelegenheiten zur Diskussion gestellt, zuletzt im Wintersemester 2007/2008 im Seminar „Menschen und Geschichten" am Institut für Theologie der Leibniz-Universität in Hannover. Allen Teilnehmerinnen und Teilnehmern danke ich für ihre Beiträge.

Hannover, im März 2008   *Matthias Günther*

II. Am Leben abgelauscht –
Der Lebensstil biblischer Menschen
in psychologischer Perspektive

Schon immer haben Dichter Lebensstile beschrieben. Für den Individualpsychologen *Alfred Adler* sind ihre Werke Quellen der Erkenntnis:

Das Wissen um den Einzelmenschen ist uralt. Um nur einiges zu nennen: Geschichts- und Personenbeschreibungen der alten Völker, die Bibel, Homer, Plutarch, alle die Dichter der Griechen und Römer, Sagen, Märchen, Fabeln und Mythen weisen Glanzpunkte der Persönlichkeitserkenntnisse auf. Bis in die neuere Zeit waren es hauptsächlich die Dichter, denen es am besten gelang, dem Lebensstil eines Menschen auf die Spur zu kommen. Was unsere Bewunderung für ihr Werk aufs höchste steigert, ist ihre Fähigkeit, den Menschen als ein *unteilbares Ganzes* leben, sterben und handeln zu lassen im engsten Zusammenhang mit den Aufgaben seines Lebenskreises.[1]

Umgekehrt dienen ihm die Lebensbeschreibungen in der Dichtung und nicht selten in der Bibel als Bestätigung seiner Theorien.[2]

Wenn das Erleben und Verhalten der biblischen Gestalten, wie *Adler* meint, „am Leben abgelauscht"[3] ist, sollte die Bibel – gerade weil sie ein Glaubenserfahrungsbuch ist – auch als

---

1 A. Adler, Der Sinn des Lebens, Wien/Leipzig 1933; Nachdruck: Frankfurt/M. 1973, 32f. Zum Begriff „Lebensstil" bei Adler vgl. zunächst H. Ansbacher, Art. Lebensstil, in: R. Brunner/R. Kausen/M. Titze (Hg.), Wörterbuch der Individualpsychologie, München ²1995, 281–291; R. Wiegand, Lebensstil, in: Z. f. Individualpsych. 29, 2004, 61–70.

2 Adler verweist einige Male auf die biblischen Geschwistergeschichten, in denen er seine Theorie zur Geschwisterrivalität bestätigt sieht; vgl. M. Günther, Soll ich meines Bruders Hüter sein? Biblische Geschwistergeschichten für Schule und Gemeinde, Dienst am Wort 111, Göttingen 2007, 12–23.

3 A. Adler, Das Problem der „Distanz". Über einen Grundcharakter der Neurose und Psychose, in: Z. f. Individualpsych. 1, 1914, 8–16, Nach-

Quelle der Menschenkenntnis erschlossen werden. Den Gestalten der Bibel als Menschen, oder besser noch: als Mitmenschen
vergangener Zeit zu begegnen, ist dann die Aufgabe – nebenbei
bemerkt: eine Aufgabe, die der Theologe *Adolf Deissmann*
bereits 1911 für die Paulusforschung formulierte.[4]

Um aus psychologischer Perspektive auf den Lebensstil biblischer Menschen schauen zu können, bedarf es einer Verständigung über das Menschenbild *Adlers*.

Die Entwicklung seiner Psychologie, damit auch seines Bildes
vom Menschen, verlief in zwei Phasen, einer ersten der Jahre
1898–1927 und einer zweiten der Jahre 1928–1933. Als Abschluss der ersten Phase kann die 1926 fertiggestellte, 1927
publizierte Monografie „Menschenkenntnis" gelten,[5] als Abschluss der zweiten Phase das Spätwerk „Der Sinn des Lebens"
(1933)[6]. Zunächst zu dem erstgenannten Werk.

„Menschenkenntnis"

Die Monografie „Menschenkenntnis"[7] ist aus mehreren Grün-
den geeignet, das *Adlersche* Menschenbild darzustellen.

druck in: ders., Praxis und Theorie der Individualpsychologie. Vorträge zur
Einführung in die Psychotherapie für Ärzte, Psychologen und Lehrer,
München 1920, Nachdruck der Ausgabe München [4]1930: Frankfurt/M.
1974, (112–119) 119.

4 A. Deissmann, Paulus. Eine kultur- und religionsgeschichtliche Studie,
Tübingen 1911, 41: „Es ist leider nicht überflüssig, die echte Menschheit
des Paulus stark zu betonen; die traditionelle Auffassung hat nur zu oft entweder eine pergamentene weltfremde Heiligengestalt aus ihm gemacht,
oder den Menschen hinter dem System verschwinden lassen."

5 Leipzig 1927, Nachdruck der Ausgabe Zürich 1947: Frankfurt/M. 1966.
Aus der ersten Phase ist vor allem zu nennen: Über den nervösen Charakter. Grundzüge einer vergleichenden Individual-Psychologie und Psychotherapie, Wiesbaden 1912, mit einem „Geleitwort", München [2]1919,
Nachdruck der Ausgabe München [4]1928: Frankfurt/M. 1972.

6 Aus der zweiten Phase sind weiterhin zu nennen: Lebenskenntnis, Frank-
furt/M. 1978 (engl. Science of Living, New York 1929); Wozu leben wir?,
Frankfurt/M. 1979 (engl. What life should mean to you, Boston 1931);
und der richtungsweisende Aufsatz „Kurze Bemerkungen über Vernunft,
Intelligenz und Schwachsinn" (1928), Nachdruck in: A. Adler, Psychotherapie und Erziehung. Ausgewählte Aufsätze I: 1919–1929, hg. von H.L.
Ansbacher/R.F. Antoch, Frankfurt/M. 1982, 224–231.

7 Nachweise werden im Text gegeben.

Erstens führt die Arbeit dasjenige Programm aus, das *Adler* schon 1920 als das entscheidende individualpsychologischer Forschung bestimmt hat. Er definiert „Menschenkenntnis"[8] als „das Wissen der Menschen um die Beweggründe ihrer Handlungen, das allgemeine Verständnis von den seelischen Erscheinungen bei Gesunden und Nervösen"[9]. Entsprechend seine Formulierung im Vorwort zu „Menschenkenntnis":

Dieses Buch versucht dem breitesten Leserkreis die unerschütterlichen Grundlagen der Individualpsychologie und ihren Wert für die Menschenkenntnis, zugleich auch ihre Bedeutung für den Umgang mit Menschen und für die Organisation des eigenen Lebens zu zeigen. (17)

Zweitens bietet die Arbeit, indem sie eine Zusammenstellung von 1926 im Wiener Volksheim gehaltenen und mitstenografierten Einführungsvorträgen in die individualpsychologische Sicht des „Seelenlebens" ist, einen vollständigen Überblick über die frühe *Adlersche* Beschreibung des Menschen: Sie beginnt mit einem allgemeinen Teil (19–145) zunächst zu den Einzelthemen „Die Seele des Menschen" (29–36) und „Die soziale Beschaffenheit des Seelenlebens" (36–42). Letzteres Thema wird sodann in sechs weiteren Kapiteln aufgefächert: „Kind und Gesellschaft" (42–51), „Eindrücke der Außenwelt" (51–70), „Minderwertigkeitsgefühl und Geltungsstreben" (72–89), „Die Vorbereitung auf das Leben" (89–113), „Das Verhältnis der Geschlechter" (113–138) und „Geschwister" (138–145).

Drittens ist *Almuth Bruder-Bezzel* darin Recht zu geben, dass die Arbeit „[...] zu den klarsten, vielleicht auch sympathischsten Büchern Adlers [gehört]. Metaphysische Höhenflüge unterbleiben ebenso weitgehend wie der moralische Ton, der bei Adler sonst oft zu finden ist"[10].

Das *Adlersche* Menschenbild zeigt vier Aspekte, die, untrennbar miteinander zusammenhängend, den Lebensstil kennzeichnen.

---

8 Das Stichwort erscheint bereits ein Jahr zuvor im Vorwort zur 2. Aufl. von „Über den nervösen Charakter", 26.
9 A. Adler, Praxis, 16.
10 A. Bruder-Bezzel, Geschichte der Individualpsychologie, Frankfurt/M. 1991, 48.

Der holistische Aspekt
Adler schreibt:

[E]s erwies sich nun als besonders wichtig, daß man *Einzelerscheinungen im Seelenleben nie als ein für sich abgeschlossenes Ganzes betrachten* dürfe, sondern nur dann für sie Verständnis gewinnen konnte, wenn man alle Erscheinungen eines Seelenlebens als Teile eines untrennbaren Ganzen versteht und sodann versucht die Bewegungslinie, die Lebensschablone, den Lebensstil eines Menschen aufzudecken und sich klar zu machen, daß das geheime Ziel der kindlichen Handlung mit dem der Haltung eines Menschen in späteren Jahren identisch ist. (21)

Der Mensch ist nach *Adler* als Individuum ein einmaliges, einheitliches Ganzes, das alle Formen menschlichen Seins umfasst: „Der Lebensstil verfügt über alle Ausdrucksformen, das Ganze über die Teile".[11] Nicht eine einzelne Äußerung des Individuums lasse eine Folgerung auf das Ganze zu (etwa nach dem Prinzip a minori ad maius), sondern nur, indem durch das Vergleichen von (möglicherweise auch widersprüchlichen) Äußerungen das ihnen Gemeinsame (Grundlage, Ziel oder Wirkung) ermittelt wird, könne der Lebensstil erfasst werden. *Erwin Wexberg* benennt die Richtung, die es einzuschlagen gilt:

Wir können viel vermuten, aber nichts wissen, wenn uns bloß ein Ausschnitt der Persönlichkeit vorliegt. Aber wir verstehen die kleinste Geste, wenn wir das Ganze, dessen Teil sie ist, individualpsychologisch erfaßt haben.[12]

Das Individuum sei immer zugleich als intrapsychische und als interpsychische Einheit anzusehen:

Wir können uns ein Seelenleben, das isoliert ist, nicht vorstellen, sondern nur ein Seelenleben, das mit allem, von dem es umgeben ist, verknüpft ist, das Anregungen von außen aufnimmt und irgendwie beantwortet, das über Möglichkeiten und Kräfte verfügt, die nötig sind, um den Organismus gegenüber der Umwelt oder im Bunde mit ihr zu sichern und sein Leben zu gewährleisten. (30)

---

11 A. Adler, Sinn, 23.
12 E. Wexberg, Zur Verwendung der Traumdeutung in der Therapie, in: I. Z. Individualpsych. 1, 1914, (16–20) 20.

Der intra- und interpsychischen Einheit des Individuums entspreche eine einheitliche Dynamik desselben. Sie biete den Schlüssel, das Gemeinsame individueller Äußerungen bestimmen zu können.

Der teleologische Aspekt

Kein Mensch kann denken, fühlen, wollen, sogar träumen, ohne daß dies alles bestimmt, bedingt, eingeschränkt, gerichtet wäre durch ein ihm vorschwebendes Ziel. Dies ergibt sich fast von selbst im Zusammenhang mit den Forderungen des Organismus und der Außenwelt und mit der Antwort, die der Organismus darauf zu geben genötigt ist. (31)

Die zielgerichtete Bewegtheit individueller Ausdrucksformen als Schlüssel zum Verständnis des Menschen erkannt zu haben, bezeichnet *Adler* später als „[den] stärkste[n] Schritt, den die Individualpsychologie gemacht hat"[13]. In individualpsychologischer Perspektive sind das Erleben und Verhalten eines Individuums somit nicht in ihrer Zuständlichkeit, sondern in ihrer Bewegung auf ein Ziel hin zu betrachten. Ein Beispiel: Offensichtlich erfolglose Versuche, eine Aufgabe zu lösen, kann ein Individuum dennoch weiter unternehmen, wenn die Versuche einer Handlungsstrategie, einer „privaten Logik"[14], in Richtung auf ein selbst gesetztes, zumeist undurchschautes Ziel entsprechen. Nur vom Ziel her ist die Beibehaltung des Problemlösungsverhaltens dann verstehbar, d.h. die entscheidende Frage

[…] des gesunden und kranken Seelenlebens lautet nicht: woher? sondern wohin? Und erst wenn wir das wirkende, richtende Ziel eines Menschen kennen, dürfen wir uns anheischig machen, seine Bewegungen, die uns als individuelle Vorbereitungen gelten, zu verstehen. In diesem Wohin? aber steckt die Veranlassung.[15]

Anders gesagt: „Wenn zwei dasselbe tun, ist es nicht dasselbe; wenn aber zwei nicht dasselbe tun, so kann es doch dasselbe sein" (82).

13 A. Adler, Sinn, 117.
14 Ders., Lebenskenntnis, 87.
15 Ders., Praxis, 263.

Das Ziel, so *Adler*, diene stets der Anpassung und Sicherung für die Zukunft (35). Das Minderwertigkeitsgefühl angesichts einer Mangellage könne dabei die treibende Kraft sein. *Robert F. Antochs* genauere Bestimmung möglicher Mangellagen trifft *Adlers* frühes Verständnis nur zum Teil: Es sei

[…] an subjektiv erlebte Mangellagen zu denken, die sich auf die eigene organische Ausstattung ('Organminderwertigkeiten'), auf schwer erträgliche Lebens-Lagen (Situationsproblematik), auf die Unterlegenheit der eigenen Person (Geltungsproblematik) oder auf unerledigte Aufgaben beziehen.[16]

Den zuletzt genannten Punkt bringt *Adler* noch nicht (und später zu Unrecht[17]) mit dem Minderwertigkeitsgefühl in Verbindung. Zunächst sieht *Adler* das Minderwertigkeitsgefühl allein als „relatives" an, d.h. es erwächst aus dem Vergleich mit anderen.[18] Stellt es den eigenen Selbstwert stark in Frage, kann ein fiktives Ziel der Selbstwerterhaltung die Bewegung lenken.[19] Lösungsversuche täuschen dann die der Aufgabe entsprechende, sachgemäße Überwindung nur vor (*Adler*: „der Wille zum

16 R.F. Antoch, Von der Kommunikation zur Kooperation. Studien zur individualpsychologischen Theorie und Praxis, München/Basel 1981, 23.
17 Vgl. W. Metzger, Einführung, in: A. Adler, Individualpsychologie in der Schule. Vorlesungen für Lehrer und Erzieher, Leipzig 1929, Nachdruck: Frankfurt/M. 1973, (7–21) 11: „Es trifft einfach nicht zu, daß man sich mit einer Mathematikaufgabe oder einem philosophischen, technischen oder künstlerischen Problem nur deshalb beschäftigt, weil es unerträglich ist, ohne ihre Lösung weiterzuleben." Etwas später (a.a.O., 13): „Die Erklärung auch der Produktivität und Genialität aus dem Minderwertigkeitsgefühl ist also nicht möglich."
18 Vgl. A. Adler, Charakter, 44: „Dieses Gefühl ist stets als relativ zu verstehen, ist aus den Beziehungen zu seiner Umwelt erwachsen oder zu seinen Zielen. Stets ist ein Messen, ein Vergleichen mit anderen vorausgegangen, erst mit dem Vater, mit dem Stärksten der Familie, zuweilen mit der Mutter, mit den Geschwistern, später mit jeder Person, die dem Patienten entgegentritt."
19 Adler differenziert später (Lebenskenntnis, 34) zwischen konkretem und fiktivem Ziel: „Im Inneren eines jeden Menschen existiert die Vorstellung eines (fiktiven) Ziels oder Ideals, das darauf gerichtet ist, über den gegenwärtigen Zustand hinauszukommen und die gegenwärtigen Schwächen und Schwierigkeiten durch die Aufstellung eines konkreten Zieles zu überwinden. Mit Hilfe dieses konkreten Ziels kann sich das Individuum den Schwierigkeiten der Gegenwart überlegen fühlen, weil es den Erfolg der Zukunft im Auge hat."

Schein"[20]), sie entsprechen der Strategie der Selbstwerterhaltung und zielen allein darauf ab, die Person des Handelnden hervorzuheben.

Für die Ausbildung des Zieles und der Bewegung, somit des Lebensstils nimmt *Adler* die „schöpferische Kraft der Seele" (55) an (s. dazu sofort). In der Praxis der Individualpsychologie bedeutet der teleologische Aspekt, „[e]ine Persönlichkeit [zu] verstehen heißt [...], sie als immanent zielgerichtete Einheit [zu] erfassen"[21].

An dieser Stelle lohnt ein erster Blick auf die biblische Überlieferung: Lassen die biblischen Lebensbeschreibungen eine einheitliche Zielgerichtetheit des Menschen erkennen, wird also der teleologische Aspekt des Menschseins beschrieben?

Exkurs: „Warum?" oder „Wozu?" –
Der teleologische Aspekt in der Bibel

Schaut man die Lutherübersetzung der Bibel nach dem Gebrauch der Fragepronomina „warum" und „wozu" durch, ergibt sich ein überraschender Befund. An 309 Stellen übersetzt *Luther* mit dem Fragewort „warum", an nur vier Stellen mit „wozu" (Jer 8,14; Ez 15,4; Mt 26,8; Hebr 7,11).

Altes Testament

Diethelm Michel[22] hat darauf hingewiesen, dass zwischen den hebräischen Fragewörtern מדוע und למה, die *Luther* beide (außer in Jer 8,14) mit „warum" übersetzt, deutlich differenziert werden muss. Während מדוע (warum) sich auf eine objektive Begründung für ein Geschehen bezieht, fragt למה (wozu) nach dem bei einem Geschehen intendierten Sinn, anders:

---

20 A. Adler, Charakter, 195.
21 E. Wexberg, Individualpsychologie. Eine systematische Darstellung, Leipzig 1930, Nachdruck: Stuttgart 1987, 15.
22 D. Michel, „Warum" und „Wozu"? Eine bisher übersehene Eigentümlichkeit des Hebräischen und ihre Konsequenzen für das alttestamentliche Geschichtsverständnis, in: J. Hesse (Hg.), „Mitten im Tod – vom Leben umfangen". Gedenkschrift für W. Kohler, SIGC 46, Frankfurt/M. 1988, 191–210.

„maddu^ac fragt in die Vergangenheit, lama fragt in die Zukunft."[23] Die folgenden Beispiele mögen genügen, die bislang kaum beachtete Verwendungsweise des Fragewortes למה (wozu) zu zeigen.

Gen 4,6f:

(6) Da sprach Jahwe zu Kain: „[Wozu] (למה) ergrimmst du? Und [wozu] (למה) senkst du deinen Blick? (7) Ist's nicht also? [Wenn du es gut machst], so kannst du frei den Blick erheben. [Machst du es aber nicht gut], so lauert die Sünde vor der Tür, und nach dir hat sie Verlangen; du aber herrsche über sie."

Kain fragt nicht selbst – das gilt es zu beachten! –, Kain wird von Jahwe gefragt, und zwar nicht nach dem Grund seines Ergrimmens (nach dem Warum), sondern nach seinem Ziel (dem Wozu). Der Zusammenhang von Ursache und Wirkung ist offensichtlich: „Jahwe sah gnädig an Abel und sein Opfer, aber Kain und sein Opfer sah er nicht gnädig an" (Gen 4,4b–5a). Mit למה (wozu) wird Kain danach befragt, was sein zukünftiges Handeln bestimme: Es gut zu machen, bedeute, ein Nebeneinander der Brüder aufrechtzuerhalten (den Blick frei erheben zu können), es nicht gut zu machen, heiße für Kain, zum Spielball seiner Gefühle von Rivalität, Konkurrenz, Streit und Feindschaft Abel gegenüber zu werden (die Sünde lauert vor der Tür). Kain entscheidet sich für das Gegeneinander.

Sicher ist: Die Frage Jahwes setzt eine einheitliche Zielgerichtetheit Kains voraus. Erst in der Wirkungsgeschichte der Kain-und-Abel-Erzählung wurden anstelle des teleologischen Aspekts Kausalzusammenhänge gesetzt, um seine Tat, den Brudermord, zu begründen: „[W]arum brachte er ihn um? Weil seine Werke böse waren und die seines Bruders gerecht" (1Joh 3,11f; vgl. Hebr 11,4).

Deutlicher noch ist der teleologische Aspekt in den 46 an Gott gerichteten למה-Fragen der Psalmgebete zu spüren. Sie bringen ausnahmslos die Sehnsucht des Betenden in Sprache, das eigene Erleben und Verhalten von der Intention Gottes her zu verstehen. Die „schöpferische Kraft der Seele" entscheidet

---

23 A.a.O., 198.

hier, das Erleben und Verhalten ganz in das Gebet hineinzuge-
ben. Mit *Erich Zenger* gesagt: „Wer sein Leben ‚betet‘, betet es
hin zu Gott, der das geheimnisvolle (und oft unbewußte) Ziel
unserer Lebenssehnsucht ist [...]"[24]. Zwei Beispiele:

Ps 2,1–5:

(1) [Wozu] (לָמָּה) toben die Heiden
    und murren die Völker so vergeblich?
(2) Die Könige der Erde lehnen sich auf,
    und die Herren halten Rat miteinander
    wider Jahwe und seinen Gesalbten:
(3) „Lasset uns zerreißen ihre Bande
    und von uns werfen ihre Stricke!"
(4) Aber der im Himmel wohnt, lachet ihrer,
    und Jahwe spottet ihrer.
(5) Einst wird er mit ihnen reden in seinem Zorn,
    und mit seinem Grimm wird er sie schrecken:
(6) „Ich aber habe meinen König eingesetzt
    auf meinem heiligen Berg Zion."

Bereits der Hinweis auf die Vergeblichkeit des Tobens und
Murrens der Heiden und der Völker belegt, dass der Psalmbeter
nicht nach einer objektiven Begründung fragt. Er fragt vielmehr nach dem selbstgesetzten Ziel – mit *Adler*: nach der „privaten Logik", deren Unsinnigkeit sogleich entlarvt wird: Einst
werde Gott mit den Heiden und den Völkern reden in seinem
Zorn und mit seinem Grimm werde er sie schrecken (vgl. V. 5).

Ps 22,2:

Mein Gott, mein Gott, [wozu] (לָמָּה) hast du mich verlassen?
Ich schreie, aber meine Hilfe ist ferne.

Hier könnte nach einer Begründung für die Situation, die der
Psalmbeter zu erleiden hat, gefragt sein: „Warum hast mich verlassen?" Doch macht der Fortgang seines Gebetes deutlich, dass
nicht Verzweiflung, sondern Zuversicht den Psambeter fragen

---

24 Erich Zenger, Dein Angesicht suche ich. Neue Psalmenauslegungen, Frei-
   burg/Basel/Wien 1998, 10.

lässt: „Aber du, Jahwe, sei nicht ferne, meine Stärke [!], eile, mir zu helfen!" (V. 20). „Der Beter setzt voraus, daß Jahwe bei seinem Handeln, auch wenn der Mensch es als ein Verlassen empfindet und keinen Sinn erkennen kann, doch einen Sinn hat, ein Ziel, auf das hin er handelt und das man erfragen kann. Kurz: Die lama-Frage verläßt nicht den Boden des Glaubens."[25]

Es wird deutlich, dass die alttestamentlichen Überlieferungen den teleologischen Aspekt des Menschseins betonen. Der Mensch wird als einheitlich zielgerichtet beschrieben. Er hat grundsätzlich die Möglichkeit, seiner „privaten Logik" zu folgen (wie Kain und die Heiden und Völker in Ps 2). Die an Gott gerichteten למה-Fragen der Psalmgebete zeigen zugleich ein zukunftsorientiertes Geschichtsverständnis; was geschieht, hat einen Sinn bei Gott, der Blick des Menschen darf sich von der bedrängenden Gegenwart aus allein auf die Möglichkeiten Gottes richten.

Neues Testament

In der neutestamentlichen Überlieferung lässt sich im judenchristlichen Matthäusevangelium eine weitgehende Differenzierung zwischen in die Vergangenheit und in die Zukunft fragenden Wörtern feststellen. Matthäus verwendet in den vorösterlichen Erzählungen jeweils zweimal ἱνατί (damit was? = wozu?; 9,4; 27,46), εἰς τί (zu was? = wozu?; 14,31; 26,8) und τί (in der Bedeutung „wozu?"; 6,28; 8,26), um eine zukunftsorientierte Fragerichtung anzugeben.[26]

Wenn Jesus seine Jünger nach dem Ziel, das ihr Erleben und Verhalten bestimmt, fragt, schwingt der Vorwurf, sie folgten ihrer „privaten Logik", mit. Auch hierfür zwei Beispiele:

Mt 6,28:

Und [wozu] (τί) sorgt ihr euch um die Kleidung? Schaut die Lilien auf dem Feld an, wie sie wachsen: sie arbeiten nicht, auch spinnen sie nicht.

---

25 D. Michel, 199.
26 Vgl. sonst nur noch: Mk 2,8 (τί); 4,40 (τί); 15,34 (εἰς τί; Zitat Ps 22,2); Lk 5,22 (τί); 12,26 (τί); Apg 4,25 (ἱνατί; Zitat Ps 2,1); Hebr 7,11 (τί).

Eine Begründung für die Sorge der Jünger ist unnötig; die Übersetzung „warum" verschleiert die eigentliche Aussage. Das gegenwärtige Geschehen, das den Jüngern widersinnig erscheinen muss, ist allein vom göttlichen Ziel aus gesehen sinnvoll: „[E]uer himmlischer Vater weiß, dass ihr all dessen bedürft. Trachtet zuerst nach dem Reich Gottes und seiner Gerechtigkeit, so wird euch das alles zufallen" (V. 32b–33).

Mt 8,26:

Da sagt er zu ihnen: „Ihr Kleingläubigen, [wozu] (τί) seid ihr so furchtsam?" Und er stand auf und bedrohte den Wind und das Meer. Da wurde es ganz stille.

Auch hier ist die Furcht ausreichend begründet. Ein gewaltiger Sturm, der ihr Boot in Kürze kentern lassen wird, bedroht das Leben der Jünger. Die Gegenwart des Reiches Gottes, die im Wunderhandeln Jesu schon jetzt sichtbar wird, zeigt das Ziel der göttlichen Geschichte. Abermals wird die „private Logik" der Jünger (ihr Kleinglaube) einer Zielgerichtetheit auf Gott hin gegenübergestellt.

Schließlich – als letztes Beispiel –: Jesu Gebet am Kreuz. In der Stunde seines Todes betet er Matthäus zufolge den Anfang des 22. Psalms (s.o.).

Mt 27,46:

Und um die neunte Stunde schrie Jesus laut: „Eli, Eli, lama asabtani? Das heißt: Mein Gott, mein Gott, [wozu] (ἱνατί; Mk 15,34: εἰς τί) hast du mich verlassen?"

Ruth Lapide betont zur Stelle:

[…] [Z]unächst einmal ist einsichtig – wie viele Christen auch glauben –, dass der Mensch Jesus natürlich, wie alle anderen Menschen auch, das Recht hatte zu verzweifeln. Dem ist aber nicht so! Er ist nämlich auch in dieser Situation nicht verzweifelt. Er fragt nämlich nicht: ‚Warum – madua – hast du mich verlassen?', sondern: ‚Lama, wofür, weshalb, was ist der Sinn dahinter, zu welchem Ziel hast mich verlassen?'[27]

27 R. Lapide/W. Flemmer, Kennen Sie Adam, den Schwächling? Ungewöhnliche Einblicke in die Bibel, Stuttgart/Zürich 2003, 238.

Fazit: Die zukunftsorientierte Fragerichtung, wie sie in den Wozu-Fragen der Bibel deutlich wird, lässt die Fragenden als einheitlich zielgerichtete Persönlichkeiten erscheinen. Sie haben (mit *Adler* aufgrund der „schöpferischen Kraft der Seele") die Wahl zwischen einem selbstgesetzten, dann zumeist undurchschauten Ziel, das sie ihrer „privaten Logik" folgen lässt, und dem Vertrauen auf einen von Gott intendierten Sinn alles Geschehens. In jedem Fall bestimmt ihre Entscheidung ihr Erleben und Verhalten.

Zurück zu den weiteren Aspekten des *Adlerschen* Menschenbildes.

Der aufklärerische Aspekt

Mit der Annahme der „schöpferischen Kraft der Seele" widerspricht *Adler* der *Freudschen* Auffassung, die Entwicklung der Persönlichkeit sei determiniert durch Einwirkungen wie Triebregungen, Wahrnehmungen und Erinnerungen.[28] Nach *Adler* sind nicht die Einwirkungen, sondern der schöpferische Umgang mit ihnen entscheidend für die Dynamik der Persönlichkeit.[29] So sind Vererbung und vorhandene Ausprägungen menschlicher Kultur nur die „Bausteine", mit denen das Kind in schöpferischem Umgang seinen Lebensstil, sein Ziel und seine Bewegungslinie, entwirft. Ein Beispiel:

28 Adler löst das Problem des Verhältnisses von Kausalität und Finalität durch den Kunstgriff der Annahme einer „inneren Kausalität". Das Individuum setze vom Ziel her die Ursache seines Handelns: „[…] [W]ir wissen, daß die Kausalität, die wir antreffen, von der betreffenden Person erst hineingelegt wurde; der Mensch macht etwas zur Ursache und etwas zur Folge und verbindet dann beides. Vieles scheint kausal bedingt, trotzdem die Kausalität erst hineingelegt wurde; das geht so weit, daß auch Organminderwertigkeiten nur soweit wirken, als man will; die Menschen können die Organminderwertigkeiten zu Rang und Würden erheben; sie zu einer Ursache machen […] Ein Kind, mit schweren Fehlern zur Welt gekommen, wird dem Leben gegenüber eine ängstliche, feindselige Haltung einnehmen. Das ist aber nicht kausal bedingt, weil wir wissen, daß das vorübergehen kann, wenn man dem Kinde verschiedenes erleichtert" (Psychische Kausalität [1924], Nachdruck in: A. Adler, Psychotherapie I, 60f).
29 Adler schreibt später (Der Aufbau der Neurose [1932], Nachdruck in: Psychotherapie und Erziehung. Ausgewählte Aufsätze II: 1930–1932, hg. von H.L. Ansbacher/R.F. Antoch, Frankfurt/M. 1982, [263–272] 266): „Wir können nicht darauf verzichten, noch eine Kraft anzunehmen,

Ein Kind, das sich zum ersten Mal vom Boden erhebt, kommt in diesem Augenblick in eine ganz neue Welt, es empfindet eine feindliche Atmosphäre. Es kann in der Kraft, mit der es sich auf die Füße stellt, eine verstärkte Hoffnung für seine Zukunft empfinden, bei seinen ersten Bewegungsschritten, besonders beim Gehenlernen, verschieden große oder gar keine Schwierigkeiten haben. Solche Eindrücke, Ereignisse, die uns Erwachsenen oft als unbedeutende Kleinigkeiten erscheinen, nehmen einen ungeheuren Einfluß auf das kindliche Seelenleben und damit vor allem auf die Entstehung seines Weltbildes. (51f)

Als solche „Bausteine" können sie für die Entwicklung des Kindes sowohl erleichternd als auch erschwerend sein. Sie sind nach *Adler* erschwerend insbesondere bei einer „Mangelhaftigkeit der Kultur" (die bereits genannte Situationsproblematik) und bei „Mängeln körperlicher Organe" (45; die Organminderwertigkeit):

Die Schwierigkeiten, mit denen das Kind in der Entwicklung seines Seelenlebens zu kämpfen hat und die fast regelmäßig zur Folge haben, daß es sein Gemeinschaftsgefühl nur äußerst mangelhaft entwickeln kann, können wir einteilen in solche, die aus der Mangelhaftigkeit der Kultur stammen und sich in der ökonomischen Situation der Familie und des Kindes äußern werden. Ferner in solche, die sich aus Mängeln körperlicher Organe ergeben. Einer Welt gegenüber, die eigentlich nur für vollwertige Organe geschaffen ist und wo alle Kultur, die das Kind umgibt, mit der Kraft der Gesundheit vollwertiger Organe rechnet, haben wir dann ein Kind, das hinsichtlich wichtiger Organe mit Fehlern behaftet ist und infolgedessen den Anforderungen des Lebens nicht recht nachkommen kann. (ebd.)

Antoch fasst die Bedeutung des aufklärerischen Aspekts (der *Freudschen* Auffassung gegenüber) wie folgt zusammen:

wodurch die Unhaltbarkeit der Anschauung derer, die an die Heredität oder derer, die an das Milieu glauben, [sich] noch zu größerer Unsicherheit steigert: *die schöpferische Kraft des Kindes";* vgl. auch R. Dreikurs, Nachwort, in: A.G. Nikelly (Hg.), Neurose ist eine Fiktion. Die Behandlung von Verhaltensstörungen nach Alfred Adler, München 1987, 237: „Während Sozial-Verhaltenswissenschaftler den Menschen als das Opfer von Kräften betrachten, die von innen und außen auf ihn einwirken, entwickelte Adler ein neues Konzept vom Menschen als dem Herrn seines Geschicks."

Der vereinfachenden und für komplexe Handlungen unbewiesenen Annahme von Gesetzmäßigkeiten, die ursächlich auf Anlage und Umwelt bezogen sind, stellt die Individualpsychologie inhaltlich eine andere Dynamik (die Kraft des Schöpferischen) und formal eine weniger zwingende Form des Zusammenhangs (die Wahrscheinlichkeit) gegenüber.[30]

Die drei beschriebenen Aspekte implizieren jeweils den vierten:

Der sozialpsychologische Aspekt

Das menschliche Seelenleben ist nicht imstande frei zu schalten, sondern steht ständig vor Aufgaben, die sich von irgendwoher eingestellt haben. Alle diese Aufgaben sind untrennbar verbunden mit der *Logik des menschlichen Zusammenlebens,* einer jener Hauptbedingungen, die ununterbrochen auf das einzelne Individuum einwirken und sich seinem Einfluß nur bis zu einem gewissen Grade unterwerfen lassen. (37)

Adler spricht von der „soziale[n] Beschaffenheit des Seelenlebens" (36), vom „Zwang zur Gemeinschaft" (38). Der Lebensstil des Individuums bilde sich im Umgang mit den Eindrücken der Außenwelt und konkretisiere sich im Verhalten zu den jeweiligen Anforderungen, nach Adler den „drei Hauptaufgaben des Lebens (Liebe, Beruf und Gesellschaft)" (113)[31]. Probleme des Menschen haben ihren Grund und ihre Lösung immer im Sozialen, sie seien, wie *Antoch* im Sinne *Adlers* richtig feststellt, stets

Kooperationsprobleme, Probleme einer wirkungsvollen Kommunikation mit seinen ihm sehr nahestehenden Partnern (‚Liebe'), mit Berufskollegen (‚Arbeit') und mit seinen Mitbürgern (‚Gesellschaft').[32]

---

30 R.F. Antoch, Kommunikation, 25.
31 Ausführlich in: A. Adler, Sinn, 38–52 („Die Aufgaben des Lebens"). Die Einengung der Lebensbezüge auf die Lebensaufgaben der sozialen Umwelt gegenüber, Liebe, Beruf und Gesellschaft, ist zunächst der entscheidende Vorteil der Adlerschen Psychologie, indem Nachvollziehbarkeit ermöglicht wird. Zugleich entsteht ein Defizit, das auszugleichen, zum Problem wird.
32 R.F. Antoch, Kommunikation, 21.

Mit der Charakterisierung des Menschen als einem zur Gemeinschaft gezwungenen negiert *Adler* zwar nicht grundsätzlich einen Konflikt zwischen individuellem Leben und gesellschaftlichen Anforderungen, sondern die Unbedingtheit dieses Konfliktes, aber doch jede Möglichkeit eines schadlosen individuellen Lebens unter Absehung von der Gemeinschaft (s. sofort).

Gerade die beiden zuletzt dargestellten Aspekte, die Annahmen der schöpferischen Kraft des Individuums und der sozialen Beschaffenheit des Seelenlebens zeigen, dass *Adler* von einer einmaligen, nie gestörten einheitlichen (der holistische Aspekt) und zielgerichteten (der teleologische Aspekt) Dynamik des Individuums ausgeht. Der Lebensstil (das Wohin) bestimmt die Antworten auf alle sich dem Individuum stellenden Fragen und dessen Verhalten. Es ergibt sich folgendes Bild:

$$
\begin{array}{ccc}
 & \text{Sinn} & \\
 & \uparrow & \\
\text{Dingwelt} \quad \leftarrow & \textit{Lebensstil des Individuums} & \rightarrow \quad \text{Mitmensch} \\
 & \downarrow & \\
 & \text{Selbst} & \\
\end{array}
$$

Wie stellt sich nun in der *Adlerschen* Psychologie die einheitliche Dynamik dar? Wie kann sich der Lebensstil konkretisieren?

Der Lebensstil

Dem „Zwang zur Gemeinschaft" entspricht nach *Adler* ein „angeborenes Gemeinschaftsgefühl" (50). Die soziale Vorfindlichkeit des Individuums muss zwar unstrittig sein, die Annahme eines angeborenen Gemeinschaftsgefühls hat jedoch gerade in jüngerer Zeit ein reichliches Maß an Verwirrung ausgelöst.[33]

33 Vgl. H.L. Ansbacher, Die Entwicklung des Begriffs „Gemeinschaftsgefühl" bei Adler, in: Z. f. Individualpsych. 6, 1981, 177–194; R.F. Antoch, Anmerkungen zum Thema „Gemeinschaftsgefühl", in: Z. f. Individualpsych. 6, 1981, 40–42; ders., Gemeinschaftsgefühl und „Psychische Gesundheit", in: Z. f. Individualpsych. 9, 1984, 2–8; ders., Beziehung und seelische Gesundheit, Frankfurt/M. 1994; J.-M. Pongratz-Vogt, Zum Problem des Gemeinschaftsgefühls in der Individualpsychologie Alfred Adlers, in: G. Bittner (Hg.), Personale Psychologie, Göttingen/Toronto/Zürich 1983, 360–369; J. Seidenfuss, Die Entwicklung von Gemeinschaftsgefühl – als

Bevor Konkretionen des Lebensstils beschrieben werden können, ist daher zunächst *Adlers* ursprüngliches[34] Verständnis des Gemeinschaftsgefühls zu klären.

Dem Individuum eigne grundsätzlich sowohl das Gemeinschaftsgefühl als Bezogenheit auf die soziale Umwelt als auch das Minderwertigkeitsgefühl als Bezogenheit auf die Überwindung von Mangellagen:

Was sich in der Seele des Kindes entwickelt, wird immer mehr von den Beziehungen der Gesellschaft zum Kinde durchdrungen, es kommt zu den ersten Anzeichen des angeborenen Gemeinschaftsgefühls, zum Aufblühen organisch bedingter Zärtlichkeitsregungen, die so weit gehen, daß das Kind die Nähe der Erwachsenen sucht. (ebd.)[35]

Die Entwicklung dieses angeborenen Gemeinschaftsgefühls hänge wesentlich vom Maß des dem Kind begegnenden Gemeinschaftsgefühls seiner unmittelbaren sozialen Umwelt,

Selbstverwirklichung, Anpassung und soziale Evolution, in: Z. f. Individualpsych. 6, 1981, 57–70; G. Stolz, Das Gemeinschaftsgefühl. Eine Auseinandersetzung mit dem Gemeinschaftsgefühl und seiner Stellung und Bedeutung in der Individualpsychologie Alfred Adlers unter Hinzuziehung der christlichen Lehre, Frankfurt/M. u.a. 1999.

34 Die jüngsten Versuche, den Ausdruck zu klären (vor allem durch Ansbacher, Antoch und Stolz) kranken daran, dass eine Entwicklung des Adlerschen Verständnisses postuliert, in der Analyse aber nicht sauber zwischen den Schriften der ersten und jenen der zweiten Phase des Adlerschen Schaffens unterschieden wird. Eine solche Unterscheidung muss dann aber ergeben, dass Adlers Verständnis in der späteren Phase ein neues ist und von einer Entwicklung überhaupt nicht gesprochen werden kann. Daran freilich ändern auch Adlers eigene Hinweise nichts, die Individualpsychologie „[…] mußte in ihren grundlegenden Ansichten keine tiefgreifenden Änderungen vornehmen" (Die ethische Kraft der Individualpsychologie [1927], [wiederentdeckt und erstmalig neu abgedruckt] in: Z. f. Individualpsych. 14, 1989, 200f), bzw. es sei nicht nötig gewesen „[…] irgendetwas an unserem Gebäude zu ändern […]" (Kurze Bemerkungen; Zitate nach H.L. Ansbacher, Entwicklung, 190).

35 Hier kann Adler auf früheste Erkenntnisse zurückgreifen; vgl. die Aufsätze „Der Arzt als Erzieher" von 1904 (Nachdruck: A. Adler/C. Furtmüller [Hg.], Heilen und Bilden. Ärztlich-pädagogische Arbeiten des Vereins für Individualpsychologie, München 1914, Nachdruck der 3., erweiterten Aufl. ebd. 1928: Frankfurt/M. 1973, 201–209) und „Das Zärtlichkeitsbedürfnis des Kindes" von 1908 (Nachdruck: a.a.O., 63–66).

d.h. in erster Linie der Mutter, ab und entscheide darüber, in welcher Weise das gleichfalls angeborene Minderwertigkeitsgefühl zur Wirkung kommt.

Bedenkt man, daß eigentlich jedes Kind dem Leben gegenüber minderwertig ist und ohne ein erhebliches Maß von Gemeinschaftsgefühl der ihm nahestehenden Menschen gar nicht bestehen könnte, faßt man die Kleinheit und Unbeholfenheit des Kindes ins Auge, die so lange anhält und ihm den Eindruck vermittelt, dem Leben nur schwer gewachsen zu sein, dann muß man annehmen, daß am Beginn jedes seelischen Lebens ein mehr oder weniger tiefes *Minderwertigkeitsgefühl* steht. (71)

Die Überwindung der kindlichen Mangellagen erfordere demnach zunächst die Bezogenheit von Mutter und Kind aufeinander. Diese dürfe allerdings nicht lange exklusiven Charakter haben, sondern müsse sich als Bezogenheit auch auf andere entfalten können (vgl. 246). In dieser Bezogenheit auf das unmittelbare soziale Umfeld, dem Gemeinschaftsgefühl, das den Wert des Kindes sichert (= es ermutigt), könne es seiner Bezogenheit auf die Überwindung der Mangellagen, dem Minderwertigkeitsgefühl, das den Wert in Frage stellt, sachgemäß entsprechen.[36] Zugleich reguliere das Gemeinschaftsgefühl den Grad des Minderwertigkeitsgefühls und verhindere Werterhaltungsstrategien, die einen unsachgemäßen Versuch der Überwindung von Mangellagen darstellen.

Sobald das Gemeinschaftsgefühl die das Minderwertigkeitsgefühl ausgleichende Funktion nicht erfüllen kann, so dass das Kind entmutigt wird, werde aus dem Streben nach Überwindung ein (freilich unterschiedlich ausgeprägtes) Streben nach Überlegenheit, aus der Bezogenheit auf die soziale Umwelt der Versuch, über diese Macht auszuüben. Daher kann *Adler* zusammenfassen:

36 Vgl. R.F. Antoch, Beziehung, 43: „Nur im Gefühl der Gleichwertigkeit erhält das Individuum eine Chance, unerschrocken-mutig mit seiner Umwelt in Kontakt zu treten: weder verschüchtert-distanziert-entmutigt noch rücksichtslos-selbstbezogen-übermütig. Anders ausgedrückt: Wenn ich im Zusammenleben mit anderen meinen Wert anerkannt, mein Sosein und meine Andersartigkeit zur Kenntnis genommen und angenommen habe, kann ich ohne Profilierungsdruck meinen Beitrag zum Ganzen leisten."

Wir können kein Kind, keinen Erwachsenen beurteilen, wenn wir nicht einen Vergleich ziehen zwischen dem in ihm vorhandenen Gemeinschaftsgefühl und dem Beitrag seines Strebens nach Macht und Überlegenheit über die anderen. (73)

Zur Veranschaulichung des Verhältnisses von Gemeinschaftsgefühl und Minderwertigkeitsgefühl, wie es *Adler* in seiner frühen Schaffensphase sah, sei die folgende Übersicht gegeben:

	Gemeinschaftsgefühl (= Bezogenheit des Individuums auf die soziale Umwelt)	Minderwertigkeitsgefühl (= Bezogenheit des Individuums auf die Überwindung von Mangellagen)
Wirkung	stellt den Selbstwert sicher	stellt den Selbstwert in Frage
Entwicklung	aufgrund zunächst des Mutter-Kind-Verhältnisses	aufgrund zunächst des kindlichen Erlebens (= sich Vergleichens)
Ausdruck bei günstigem Verhältnis (Gemeinschaftsgefühl höher als Minderwertigkeitsgefühl)	Die Lösung der Lebensaufgaben wird in der Kooperation mit der sozialen Umwelt angestrebt. Das Gemeinschaftsgefühl ermutigt, die sachgemäße Lösung der Lebensaufgaben anzugehen.	(= die positive Wirkung des Minderwertigkeitsgefühls)
Ausdruck bei ungünstigem Verhältnis (Minderwertigkeitsgefühl höher als Gemeinschaftsgefühl)	(= die negative Wirkung des Gemeinschaftsgefühls)	Die Lösung der Lebensaufgaben wird durch Werterhaltungsstrategien umgangen. Das Minderwertigkeitsgefühl entmutigt und verhindert die sachgemäße Lösung der Lebensaufgaben.

Das Gemeinschaftsgefühl ist also nach *Adler* in dreifachem Sinne „angeboren":

- als dem Individuum eignendes
- als im günstigen Fall auf die soziale Umwelt hin sich entfaltendes und
- als sich dem Lebensstil entsprechend, d.h. in der Bewegung, konkretisierendes.

Letzterer Punkt ist zu ergänzen: Die Bewegung kann (positiv) in der – ermutigten – Hinwendung zur Gemeinschaft (als ein sich Beziehen auf den anderen), sowohl im Sinne der Integration als auch der Emanzipation[37], oder (negativ) in der – entmutigten – Abwendung von der Gemeinschaft (als ein sich dem anderen Entziehen) erfolgen. *Adler* beschreibt die beiden „Stimmungslagen" (36), die ein Kind grundsätzlich ausbilden kann, daher als optimistische bzw. als pessimistische:

Die eine Seite zeigt sich als die des Optimismus, das Kind traut sich zu, die ihm erwachsenen Aufgaben auch glatt lösen zu können. Dann wird es in sich jene Charakterzüge entwickeln, die eben zu einem Menschen gehören, der seine Aufgaben für löslich hält. So entwickelt sich Mut, Offenheit, Verlässlichkeit, Fleiß und dgl. Das Gegenteil hiervon sind Züge des Pessimismus. Denkt man sich das Ziel eines Kindes, das sich die Fähigkeit zur Lösung seiner Aufgaben nicht zutraut, dann kann man sich auch vorstellen, wie es in der Seele eines solchen Kindes aussehen mag. Wir finden dort Zaghaftigkeit, Schüchternheit, Verschlossenheit, Mißtrauen und andere Züge, mit denen der Schwache sich zu verteidigen sucht. (ebd.)

Der optimistische, d.h. von Ermutigung geprägte Lebensstil konkretisiere sich in einer Hinwendung zum anderen, ausgehend von der kleinsten Zelle gemeinschaftlichen Lebens und günstigenfalls sich auf die ganze soziale Umwelt (und als fiktives Ziel gar auf die Menschheit) erstreckend (50). Die Individualpsychologie unterscheidet vor diesem Hintergrund folgende Stufen von Ermutigung geprägten Verhaltens:[38]

---

37 Zurecht betont R.F. Antoch immer wieder, dass Gemeinschaftsgefühl im Sinne (allerdings nur der frühen Schriften [!]) Adlers nicht „nahtlose Anpassung oder gar Unterwerfung des einzelnen unter die Interessen der Gemeinschaft" bedeute (Beziehung, 260).
38 Vgl. E. Wexberg, Individualpsychologie, 83f; R.F. Antoch, Kommunikation, Titel.

- Kommunikation
- Partizipation
- Kontribution
- Kooperation

Nach *Antoch* ist der von Ermutigung geprägte Lebensstil grundsätzlich dadurch gekennzeichnet,

[...] daß das Individuum, das sich seines Selbstwerts nicht durch die Erfüllung überzogener Ideale vergewissern muß, anderen Dingen und Menschen mutig, d.h. offen und aufgeschlossen begegnet und auf vorgefaßte Meinungen und stereotype Sicherungen der eigenen Person verzichtet. Sich auf eine vorbehaltlose Auseinandersetzung mit Problemen und mit anderen Menschen einzulassen, die dabei in aller Regel auftretenden Mißerfolge gegebenenfalls ohne Angst vor Wertverlust auf sich zu beziehen und daraus zu lernen, ähnliche Situationen beim nächsten Mal zu bestehen – das ist der Kern individualpsychologischer Definition von Mut.[39]

Der pessimistische, d.h. von Entmutigung geprägte Lebensstil konkretisiere sich in einer Abwendung vom anderen. *Adler* schreibt:

Ist nun das Minderwertigkeitsgefühl besonders drückend, dann besteht die Gefahr, daß das Kind in seiner Angst, für sein zukünftiges Leben zu kurz zu kommen, sich mit dem bloßen Ausgleich nicht zufrieden gibt und zu weit greift (*Überkompensation*). Das Streben nach Macht und Überlegenheit wird überspitzt und ins Krankhafte gesteigert. Solchen Kindern werden die gewöhnlichen Beziehungen ihres Lebens nicht genügen. Sie werden, ihrem hochgesteckten Ziel entsprechend, zu großen, auffallenden Bewegungen ausholen. Mit einer besonderen Hast, mit starken Impulsen, die weit über das gewöhnliche Maß hinausgehen, ohne Rücksicht auf ihre Umgebung, suchen sie ihre eigene Position sicherzustellen. Auf diese Weise werden sie auffallend, greifen störend in das Leben anderer ein und nötigen sie naturgemäß, sich zur Wehr zu setzen. Sie sind gegen alle und alle gegen sie. Es muß nicht alles gleich im bösesten Sinne ablaufen. Ein solches Kind kann sich lange Zeit in Bahnen bewegen, die äußerlich normal erscheinen mögen, es kann den Charakterzug, der ihm auf diesem Wege zuerst erwächst, den Ehrgeiz, auf eine Weise betätigen, daß es noch nicht zu einem offenen Konflikt mit anderen gerät. Man

---

39 A.a.O., 46.

wird aber regelmäßig finden, daß die Anstalten, die es trifft, niemand rechte Freude machen, daß sie auch keine wahrhaft nützlichen Wirkungen zeitigen, weil das ein Weg ist, der unserer Kultur unannehmbar erscheint. Denn mit ihrem Ehrgeiz, den sie in der Kindheit durchaus nicht so lenken und betätigen können, daß er fruchtbar wird, sondern den sie gewöhnlich überspitzen, werden sie immer anderen Menschen störend in den Weg treten. Später gesellen sich gewöhnlich noch andere Erscheinungen hinzu, die im Sinne eines sozialen Organismus, wie es die menschliche Gesellschaft sein soll, schon Feindseligkeit bedeuten. Hierher gehören vor allem Eitelkeit, Hochmut und ein Streben nach Überwältigung des anderen um jeden Preis, was sich auch so darstellen kann, daß sie selbst gar nicht mehr höher hinaufstreben, sondern sich damit begnügen, daß der andere sinkt. Dann kommt es ihnen nurmehr auf die Distanz an, auf den größeren Unterschied zwischen ihnen und den anderen. (77)

Auch hier lassen sich verschiedene Stufen von Entmutigung geprägten Verhaltens aufzeigen:

– Der Mensch strebt nach erhöhter Aufmerksamkeit. Er glaubt nur dann etwas wert zu sein, wenn er besonders beachtet wird.
– Der Mensch strebt nach eigener Überlegenheit. Er glaubt nur dann etwas wert zu sein, wenn er andere dominieren kann.
– Der Mensch strebt nach Unterlegenheit der anderen. Er hat die Hoffnung auf angemessene Beachtung aufgegeben und sucht Vergeltung.
– Der Mensch sucht Distanz. Er fühlt sich unfähig zur Kooperation mit anderen, er hält sich für unfähig, etwas Gutes zu leisten.

Fazit: *Adlers* Psychologie der ersten Schaffensphase ist eine beschreibende „Psychologie der menschlichen Tätigkeit"[40], eine vergleichende Psychologie[41] und weiter eine Positionspsychologie,[42] die zu klären sucht, ob ein Individuum sich „[…] in seiner Erlebniswelt ,unter', ,zwischen' oder ,über' den *anderen* angesiedelt findet"[43].

---

40 R.F. Antoch, Beziehung, 96.
41 A. Adler, Charakter, 25 (Vorwort zur 1. Aufl.).
42 Vgl. a.a.O., 279.
43 W. Metzger, Einführung, in: A. Adler, Charakter, (7–24) 18.

Indem es bei der individualpsychologischen Beschreibung darauf ankommt, aufgrund von Gemeinsamkeiten in den Äußerungen eines Individuums auf dessen Ziel zu schließen und vom Ziel her die Äußerungen zu verstehen, bedarf sie der Spekulationen über Einwirkungen wie Triebregungen, Wahrnehmungen und Erinnerungen nicht und eröffnet nachvollziehbar die Möglichkeit des Vergleichens von menschlichem Erleben und Verhalten.

Die Verarbeitung (nicht nur von Erlebnissen, sondern) von Erfahrungen (z.B. das Leiden an den Erfahrungen von Sinnverlust bzw. Sinnlosigkeit) als zunächst rein intrapersonaler Akt, dem sich gleichermaßen nur spekulativ zu nähern wäre, muss dabei ausgeblendet bleiben; hier entsteht ein grundsätzlich produktives Defizit, das sich auf der Grundlage der nachvollziehbaren Aussagen (und nur auf dieser intersubjektiven Grundlage!) bearbeiten ließe, das *Adler* jedoch in seinen späten Schriften kontraproduktiv durch die subjektive, Allgemeingültigkeit beanspruchende Setzung eines Sinnes des Lebens auszugleichen versucht. Damit zu *Adlers* Werk „Der Sinn des Lebens".

„Der Sinn des Lebens"

Adler beschreibt das Ziel seines Spätwerkes „Der Sinn des Lebens"[44] im Vorwort:

In dieser Schrift soll hauptsächlich die daran [sc. an das Bewegungsgesetz des Kindes] anknüpfende Apperzeption, wie der Mensch sich und die Außenwelt sieht, betrachtet werden. Mit anderen Worten: die Meinung, die das Kind, und später in der gleichen Richtung der Erwachsene, von sich und von der Welt gewonnen hat. Auch diese Meinung läßt sich nicht aus den Worten und Gedanken des Untersuchten gewinnen. Sie alle sind allzu sehr im Banne des Bewegungsgesetzes, das nach Überwindung zielt und demnach sogar im Falle einer Selbstverurteilung noch nach der Höhe schielen läßt. Wichtiger ist der Umstand, daß das Ganze des Lebens, von mir konkret Lebensstil genannt, vom Kinde in einer Zeit aufgebaut wird, wo es weder eine zureichende Sprache noch zureichende Begriffe hat. Wächst es in seinem Sinne weiter, dann wächst es in einer Bewegung, die niemals in Worte gefaßt wurde, daher unangreifbar für Kritik, auch der Kritik

---

44 Nachweise werden im Text gegeben.

der Erfahrung entzogen ist. Man kann hier nicht von einem etwa gar verdrängten Unbewußten reden, vielmehr von Unverstandenem, dem Verstehen Entzogenem. Aber der Mensch spricht zum Kenner mit seinem Lebensstil und mit seiner Haltung zu den Lebensfragen, die Gemeinschaftsgefühl zu ihrer Lösung erfordern. Was nun die Meinung des Menschen von sich und von der Außenwelt anlangt, so kann sie am besten daraus entnommen werden, welchen Sinn er im Leben findet und welchen Sinn er seinem eigenen Leben gibt. Daß hier die mögliche Dissonanz zu einem idealen Gemeinschaftsgefühl, zu Mitleben, Mitarbeiten, zur Mitmenschlichkeit klar durchklingt, liegt auf der Hand. Wir sind nun vorbereitet zu verstehen, welche Bedeutung darin liegt, über den Sinn des Lebens etwas zu erfahren und auch darüber, worin verschiedene Menschen den Sinn des Lebens sehen. Wenn es für den außerhalb unserer Erfahrungen liegenden Sinn des Lebens wenigstens teilweise eine tragfähige Erkenntnis gibt, dann ist klar, daß er diejenigen ins Unrecht setzt, die zu ihm in auffallendem Widerspruch stehen. (24f)

Es ist deutlich, dass *Adler* mit der Frage nach dem „außerhalb unserer Erfahrungen liegenden Sinn des Lebens" die „Erfahrung mit der Erfahrung"[45] in den Blick nimmt. Dabei ist *Adlers* Vorgehensweise durch die Vorstellung von der einheitlichen Dynamik des Lebensstils bestimmt („Psychologische Mittel und Wege zur Erforschung des Lebensstils" [32–37]). Der Sinn des Lebens ist somit zunächst der individuelle Sinn, der Lebensstil: „Wie einer sich bewegt, so ist der Sinn seines Lebens" (66). Der von Ermutigung geprägte Lebensstil ist auf die sachliche Lösung der „Aufgaben des Lebens" (38–52) gerichtet und entspricht dem menschlichen Grundbedürfnis nach „Überwindung der gegenwärtigen Realität zugunsten einer besseren" („Der Minderwertigkeitskomplex" [67–79; hier: 69]):

45 Der Begriff entstammt freilich der jüngeren theologischen Reflexion: vgl. G. Ebeling, Die Klage über das Erfahrungsdefizit in der Theologie als Frage nach ihrer Sache (1974), in: ders., Wort und Glaube III, Tübingen 1975, 3–28; ders., Schrift und Erfahrung als Quelle theologischer Aussagen, in: ZThK 75, 1978, 99–116; E. Jüngel, Das Dilemma der natürlichen Theologie und die Wahrheit ihres Problems (1975), in: ders., Entsprechungen: Gott – Wahrheit – Mensch. Theologische Erörterungen, Tübingen ²1986, 158–177; zu seiner Vorgeschichte vgl. G. Bader, „Erfahrung mit der Erfahrung", in: H.F. Geisser/W. Mostert (Hg.), Wirkungen hermeneutischer Theologie (FS G. Ebeling), Tübingen 1983, 137–153.224.

Wer kann ernstlich daran zweifeln, daß dem von der Natur so stief-
mütterlich bedachten menschlichen Individuum als Segen ein starkes
Minderwertigkeitsgefühl mitgegeben ist, das nach einer Plussituation
drängt, nach Sicherung, nach Überwindung? Und diese ungeheure,
zwangsweise Auflehnung gegen ein haftendes Minderwertigkcitsge-
fühl als Grundlage der Menschheitsentwicklung wird in jedem Säug-
ling und Kleinkind aufs neue erweckt und wiederholt. (ebd.)

Mit dem Stichwort „Menschheitsentwicklung" ist der Schritt
vom individuellen Sinn des Lebens zum „außerhalb unserer
Erfahrungen liegenden Sinn" des Ganzen getan. Letzterer entspricht ersterem („Der Sinn des Lebens" [162–172]). „[E]ine
Bewegung des einzelnen und eine Bewegung der Massen kann
für uns nur als wertvoll gelten, wenn sie Werte schafft für die
Ewigkeit, für die Höherentwicklung der Menschheit" (168f).
Adler entwickelt den „Sinn des Lebens" danach analogisch. Es
entsprechen sich:

Der individuelle Sinn des Lebens	Der allgemeine Sinn des Lebens
die einheitliche Dynamik des Individuums	die einheitliche Dynamik der Menschheit
das Minderwertigkeitsgefühl als Antriebskraft zur Vervollkommnung des individuellen Lebens	das Minderwertigkeitsgefühl als Antriebskraft zur Vervollkommnung der Menschheit
die integrative Funktion des Gemeinschaftsgefühls des einzelnen	das Gemeinschaftsgefühl als „letzte Form der Menschheit" (167)
das gesunde Individuum	die ideale Gemeinschaft einer vollkommenen Menschheit

Die Ausdehnung der Vorstellung von der einheitlichen Dynamik ins Unendliche ermöglicht zwar eine Beantwortung der
Frage nach dem letzten Sinn, bleibt jedoch theoretisches Kon-
strukt. So kann das Leiden an Sinnverlust bzw. Sinnlosigkeit
selbst dann nur als ein Nichtverstehen des „wahren" Lebens-
sinnes bestimmt werden, wenn der Lebensstil des Individuums

durchaus von Ermutigung geprägt ist.[46] Die Verarbeitung von
Erfahrungen unterliegt grundsätzlich einer grausamen „Kosmo-
dizee"[47]: Wer dem Wohl der Allgemeinheit nicht zu entsprechen
vermag, werde in der Zukunft „leiblich und seelisch ausge-
löscht" sein (169).

Adler scheitert am Schluss am Versuch, das (o. als grundsätzlich produktiv beschriebene) Defizit individualpsychologischer
Theorie auszugleichen: es gelingt nicht, die Ambivalenz der
Verarbeitung von Erfahrungen der „Psychologie der menschlichen Tätigkeit" entsprechend, d.h. durch Analogieschluss zu
bearbeiten. Kurz: Ermutigung angesichts einer dem Lebensstil
konträren Erfahrung ist nicht möglich. (Dies freilich ist der
Individualpsychologie nicht erst nach *Adler* bekannt.[48])

Fazit

Indem *Adler* den Schritt von der vergleichenden Psychologie
und der Positionspsychologie zur Wertpsychologie (zur werten-
den Psychologie),[49] mehr noch zur Weltanschauung[50] getan

46 Anders V.E. Frankl, der ein allgemeines Leiden an der Erfahrung von Sinnlosigkeit sieht und die vordringliche Aufgabe (der Psychotherapie) als eine
  Hilfe zur Sinnfindung bestimmt: Der Mensch auf der Suche nach Sinn,
  Freiburg/Basel/Wien 1959, ebd. [4]1975; Der unbewußte Gott. Psychotherapie und Religion, München 1974, ebd. [5]1979; Das Leiden am sinnlosen
  Leben. Psychotherapie für heute, Freiburg/Basel/Wien 1977.
47 H. Böhringer, Kompensation und Common sense. Zur Lebensphilosophie
  Alfred Adlers, Königstein 1985, 27.
48 Vgl. M. Kruttke-Rüping, Zur Wechselbeziehung von Kausalität und Finalität, in: Z. f. Individualpsych. 9, 1984, 218–232; A. Bruder-Bezzel, 60f.
49 Vgl. A. Adler, Sinn, 36: „[…] [Die] Normen menschlichen Zusammenlebens, durchaus Ereignisse der menschlichen Evolution, verankert in der
  menschlichen Natur wie das Atmen und das Aufrechtgehen, lassen sich
  zusammenfassen in der Idee einer idealen menschlichen Gemeinschaft,
  hier rein wissenschaftlich betrachtet als evolutionärer Zwang und als evolu-
  tionäres Ziel. Sie geben der Individualpsychologie die Richtschnur, […] an
  der allein alle anderen, der Evolution widersprechenden Ziele und Bewe-
  gungsformen als richtig oder falsch zu bewerten sind. An diesem Punkt
  wird die Individualpsychologie Wertpsychologie […]"
50 Vgl. ders., Die Technik der Individualpsychologie. Zweiter Teil: Die Seele
  des schwer erziehbaren Schulkindes, München 1930, Nachdruck: Frank-
  furt/M. 1974, 20: „Wo immer Sie hinschauen, finden Sie Weltanschauung
  klar zutage treten. Für jeden, der das gesehen hat, ist es selbstverständlich,
  daß ihm nicht zu helfen ist, wenn er keine bessere Weltanschauung hat.
  Die Frage ist, welche Weltanschauung wollen wir nutzen, um die irrtüm-

hat, ist die Individualpsychologie seiner späteren Schaffensphase intersubjektiv nicht mehr nachvollziehbar. Der Versuch, die Menschen der Bibel aus der Sicht *Adlers* zu betrachten – oder anders: zu schauen, wie ihr Erleben und Verhalten „am Leben abgelauscht" ist, wird die Perspektive der ersten Schaffensphase *Adlers* einnehmen, mindestens aber fragen müssen, ob spätere Aussagen durch die frühen Erkenntnisse gesichert sind.[51]

liche zu beseitigen? In dem Gewirr werden Sie Stimmen hören: nationale, religiöse Weltanschauung, europäische, asiatische. Wir sind gegen keine voreingenommen, wir verlangen nur, daß sie sich so gestaltet, daß sie in die Weltanschauung des Gemeinschaftsgefühls einmündet, das ist die individualpsychologische Weltanschauung."

51 Vgl. K.H. Witte, Das schielende Adlerauge – oder wie Alfred Adler die Schätze seiner ursprünglichen Theorie übersah, in: Z. f. Individualpsych. 13, 1988, 16–25.

III. Ein unsichtbarer Steuermann –
Der Lebensstil biblischer Menschen
in religions- und gemeinde-
pädagogischer Perspektive

Der österreichische Individualpsychologe und Pädagoge *Oskar Spiel* schreibt 1947 in seinem Werk „Am Schaltbrett der Erziehung":

Den Kurs des Lebensschiffes lenkt ein unsichtbarer Steuermann. Er lenkt es in dem Kurs, den wir ihm in unserer Kindheit vorgeschrieben haben. In jener Kindheit, da wir die Untiefen des Lebens noch nicht kannten. Nur allzu gut versteht der unsichtbare Steuermann sein Geschäft. Er ist ein wahrer Zauberkünstler. Dem einen Kind erzeugt er Kopfschmerz vor der Prüfung und bewahrt es so vor dem Sturm der Fragen neugieriger Lehrer; einem anderen verschafft er die notwendige ‚Vergeßlichkeit', damit es sich erlauben kann, nichts zu tun und trotzdem sein Prestige zu bewahren, dem dritten zaubert er herrliche Buchten der Einsamkeit, damit es keine Nötigung fühle, in den sicheren Hafen der Gemeinschaft einzufahren.[1]

Es sei nun die Aufgabe der Unterrichtenden, dem Kind durch die „Enthüllung" zu zeigen, dass der in ihm wirkende, unsichtbare, ungewusste Steuermann niemand anderer ist als es selbst, „der bewußt steuernde Kapitän seines Lebensschiffes":

Die ‚Enthüllung' ist das Kernstück individualpsychologischer Pädagogik. Dadurch, daß sie versucht, das in ihm ungewußt Wirkende dem Kinde zu Bewußtsein zu bringen, unterscheidet sie sich grundsätzlich von allen anderen Systemen der Pädagogik. Die ‚Enthüllung' sucht den Sinn eines Fehlers oder der ganzen Lebenshaltung dem Zögling klar zu machen; sie versucht, die von ihm unternommene geheime

---

1   O. Spiel, Am Schaltbrett der Erziehung, Wien 1947, 146.

Zielsetzung aufzudecken; sie leitet an, aus der Entstehungsgeschichte der Fehlhaltung gegenwärtiges Verhalten zu verstehen; sie versetzt das Kind erst in die Lage, das ungewußt Wirkende in ihm immer und immer wieder festzustellen und so zu einer wirklichen Selbstdurchschauung zu kommen, ohne die es keine wirklich fruchtbare Selbsterziehung gibt.[2]

Die Enthüllung, so *Spiel* weiter, könne entweder an einem fremden Charakter (Lektüre, Drama, Biografie) oder am Kinde selbst geschehen. Die Möglichkeit, den Lebensstil an einem anderen Charakter anschaulich zu machen, werde sich jedoch nur selten ergeben, so dass sich der Erzieher der zweiten Möglichkeit bedienen müsse.[3] Religions- und Gemeindepädagogen dürfen da wohl optimistischer sein, haben sie doch mit den biblischen Überlieferungen eine Quelle der Menschenkenntnis, aus der sie schöpfen können.

Es muss verwundern, dass das „Kernstück" der individualpsychologisch-pädagogischen Theorie *Spiels* von der Religions- und Gemeindepädagogik bislang nicht zur Kenntnis genommen worden ist. Zu fragen ist, ob sich ein lebensstilorientierter biblischer Unterricht an den Lernorten Schule und Gemeinde an der Theorie von der „Enthüllung am fremden Charakter" ausrichten lässt. Dabei sollten freilich die Kinder und Jugendlichen die Subjekte der „Enthüllung" sein; sie selbst sollten zu einer erweiterten Wahrnehmung ihrer je eigenen gegenwärtigen Wirklichkeit gelangen können, zu einem „Mehr an Bausteinen"[4] und damit zu einem Mehr an Deutungsangeboten. Oder mit *Spiel*: zu der Erkenntnis, welche Richtung der „unsichtbare Steuermann" eingeschlagen hat und ob es die gewünschte Richtung auch ist.

2 Ebd.
3 Ebd.
4 Vgl. G. Brandl, Lebensstil im Unterricht. Das individualpsychologische Solidaritätsprinzip als Korrekturmodus, in: E. Adam (Hg.), Die Österreichische Reformpädagogik 1918–1938. Symposiumsdokumentation, Beiträge zur Geschichte der Pädagogik 1, Wien/Köln/Graz 1981, (173–191) 185: „Ich spreche die Vermutung aus, wie Erbe und Umwelteinflüsse sollten auch Lernangebote als ‚Bausteine' benützt werden können, aber nur in einem sozialen Horizont, das Zusammenleben betreffend und zugleich als Quelle der Regeneration, der Erneuerung seelischer Gesundheit."

Voraussetzung ist das „Interesse am Mitmenschen", nicht nur das Interesse der Kinder und Jugendlichen an den Mitmenschen vergangener Zeit, sondern zunächst das Interesse der Lehrenden an den Lernenden. *Adler* schreibt 1931: „Wir müssen [..] das Interesse eines Menschen am Mitmenschen zeigen; kein Interesse könnte wahrer und objektiver sein."[5]

„Interesse am Mitmenschen" in religions- und gemeindepädagogischer Perspektive meint *formal* die partnerschaftlich-kooperative Beziehung zwischen Lernenden und Lehrenden. Die Kinder und Jugendlichen sind per se auf die Unterrichtenden bezogen; aber nur wenn ihnen dieser Bezug im Sinne der Gleichwertigkeit von Personen erkennbar wird (geradezu bewiesen ist), sie eigene Beiträge zum Unterrichtsgeschehen erfolgreich leisten können[6], kann sich ein Weg von der Kommunikationsfähigkeit über die Partizipations- und Kontributionsfähigkeit hin zur Kooperationsfähigkeit eröffnen.

„Interesse am Mitmenschen" meint in einem lebensstilorientierten biblischen Unterricht sodann *inhaltlich* die Erweiterung der Wahrnehmung der eigenen gegenwärtigen Wirklichkeit durch den Vergleich eigenen Erlebens und Verhaltens mit dem Erleben und Verhalten der biblischen Menschen. Mit Recht schreibt *Martina Kumlehm*:

---

5 Zitiert nach H.L. Ansbacher/R.R. Ansbacher (Hg.), Alfred Adlers Individualpsychologie. Eine systematische Darstellung seiner Lehre in Auszügen aus seinen Schriften, München/Basel [3]1982, 320 (engl.: The Individual Psychology of Alfred Adler. A systematic Presentation in Selections from his Writings, New York 1956). Die dt. Übersetzung in A. Adler, Wozu leben wir?, 65, lautet: „Wir müssen [..] die Anteilnahme eines Menschen an seinem Nebenmenschen erweisen. Keine Anteilnahme könnte aufrichtiger und gerechter sein."

6 H.J. Tymister, Individualpsychologisch-pädagogische Beratung. Begründungen – Funktionen – Methoden, in: ders. (Hg.), Individualpsychologisch-pädagogische Beratung. Grundlagen und Praxis, Beiträge zur Individualpsychologie 13, München/Basel 1990, (9–26) 14: „Was erzieherisch also not tut, ist, den Erziehern zu helfen, die Kinder/Jugendlichen in der Ganzheit ihrer Persönlichkeit, also mit Verstand und Gefühlen, anzunehmen und ihre Antworten, ihre Beiträge für die Gemeinschaft wahrzunehmen, anzuerkennen und ermutigend zurückzumelden."

Jugendliche nehmen ihrem Alter gemäß sehr intensiv die Gegenwart wahr und richten ihren Blick mehr oder weniger erwartungsvoll auf die Zukunft, interessieren sich für die Vergangenheit jedoch nur so weit, als sie für Gegenwarts- und Zukunftsbezug von einsehbarem Interesse ist.[7]

Einsehbar wird das Interesse für die Mitmenschen vergangener Zeit dann, wenn die Begegnung mit ihnen dazu verhilft, mit den Deutungsanforderungen der eigenen gegenwärtigen Wirklichkeit flexibel umgehen zu können. Die kritische Wahrnehmung des eigenen Lebensstils aufgrund eines „Mehr an Bausteinen", eines Mehr an Deutungsangeboten stärkt die Problemlösungskompetenz der Kinder und Jugendlichen und somit ihre Integrations- wie Emanzipationsfähigkeit.

Nebenbei bemerkt: Indem biblischer Unterricht vom „Interesse am Mitmenschen" ausgeht, stellt sich die Frage erst gar nicht, ob mit einem „Traditionsrest" nichtprivatisierter religiöser Fragen gerechnet werden darf, sondern es eröffnet sich die Möglichkeit, auf der Grundlage intersubjektiv nachvollziehbar erschlossener Wirklichkeit (sowohl der je eigenen als auch der biblisch überlieferten) die religiöse Verarbeitung von Erfahrung (die „Erfahrung mit der Erfahrung") als einen noch weiteren „Baustein" zu erkennen.

Zwei Bedingungen müssen erfüllt sein, um dem beschriebenen Ziel einer kritischen Wahrnehmung des eigenen Lebensstils näher zu kommen.

1. Die partnerschaftlich-kooperative Beziehung zwischen Lehrenden und Lernenden

Adler sieht die Aufgabe der Schule durch die beiden Funktionen der Mutter[8] begründet:

---

7 M. Kumlehm, Erinnern – Wahrnehmen – Erwarten. Religionspädagogische Erwägungen zum Verhältnis von narrativer Identität und Erinnerungskultur, in: ZPT 59, 2007, (286–298) 295.

8 Deren Bedeutung für die Entwicklung des Kindes spätestens nach den Studien von R. Spitz, Hospitalismus (engl.: 1945), in: G. Bittner (Hg.), Erziehung in früher Kindheit, München 1989, 77–98, und H.F. Harlow, Das Wesen der Liebe (engl.: 1958), in: O.M. Ewert (Hg.), Entwicklungspsychologie. Band I, Köln 1972, 128–138, unstrittig sein dürfte.

Die Erziehungskunst kann von jedem erlernt und geübt werden. Man braucht ein Verständnis und ein unaufhörliches Streben, den Einklang mit den Tatsachen des Lebens, mit dem Ideal des gemeinschaftlichen Lebens herzustellen und das Kind darauf vorzubereiten. Von wem erwarten wir die erste Vorbereitung für ein gemeinschaftliches Leben? [...] Wer ist die Person, die diese Aufgabe naturnotwendig zu erfüllen hat? Die Mutter. Wir müssen uns daran erinnern, was die Mutter hätte tun sollen. Das Schicksal dieses fehlerhaften Ablaufs sehen wir. Wir müssen die Mutter ersetzen und korrigieren, wo die Mutter einen Fehler begangen hat. Die Mutter hat zwei Funktionen: *1. Das Kind für sich zu gewinnen, das Interesse des Kindes auf sich zu lenken, ihm als ein Mitmensch vor Augen zu stehen. 2. Das Interesse des Kindes auf andere zu lenken, als Mitmensch den Vater auch zu finden.* Die Aufgabe der Schule ist in diesen zwei Funktionen der Mutter begründet [...].[9]

Diese Aufgabe der Schule werde freilich dann verfehlt, wenn durch das pädagogische Verhältnis die beiden möglichen Fehler der Mutter bestätigt werden bzw. wenn der fehlerhafte Ablauf erst eingeführt wird:

Der eine ist der, daß die Mutter dem Kinde gegenüber diese Funktionsaufgabe [sc. das Interesse des Kindes auf sich zu lenken] nicht erfüllt und dadurch sein Gemeinschaftsgefühl nicht entwickelt. Dieser Mangel ist sehr bedeutsam und hat eine Unzahl Unannehmlichkeiten zur Folge. Das Kind wächst auf, als wenn es sich in Feindesland befände [...] Der andere Hauptfehler, der meist gemacht wird, besteht darin, daß die Mutter wohl ihre Funktion übernimmt, aber so stark, in so übertriebener Weise, daß eine *Weiterleitung* des Gemeinschaftsgefühls nicht möglich ist. Die Mutter läßt das Gemeinschaftsgefühl, das sich im Kind entwickelt hat, bei sich münden. Das heißt, das Kind hat nur für die Mutter Interesse und die übrige Welt ist ausgeschaltet.[10]

In ersterem Fall wäre eine Wiederbelebung des Mutter-Kind-Verhältnisses zum Zweck der Entfaltung des Gemeinschaftsgefühls, im letzteren Fall zum Zweck des Fixierungs-Abbaus nötig.[11] Die Gefahr eines Verfehlens solch partnerschaftlich-

9 A. Adler, Individualpsychologie in der Schule. Vorlesungen für Lehrer und Erzieher, Leipzig 1929, Nachdruck: Frankfurt/M. 1973, 32 (kursiv durch M.G).
10 Ders., Menschenkenntnis, 246.
11 Vgl. G. Brandl, 182f; vgl. auch A. Adler, Lebenskenntnis, 17: „Wenn die Fehler nicht schon in der Frühzeit des Lebens korrigiert worden sind, dann

kooperativer Begleitung in der Schule – und nicht selten auch in der Gemeinde – ist freilich schon dadurch groß, dass das pädagogische Verhältnis zunächst immer ein Machtverhältnis ist. Dieses wurde hinreichend beklagt, nicht zuletzt von *Karl Ernst Nipkow*: „Dem mächtigen Erwachsenen mit der Gesellschaft und ihrer Macht im Rücken steht das schwache und abhängige Kind gegenüber."[12] Mit der *Adlerschen* Aufgabenbestimmung der Schule wird nun, wie *Hans Josef Tymister* schreibt,

[…] kurz und leicht verständlich, was in der Geschichte der Pädagogik immer wieder, von Rousseau bis Alice Miller, von Pestalozzi bis O'Neill, von Montessori bis Corsini, mit unterschiedlichen sprachlichen Mitteln und wissenschaftlichem Hintergrund über das [sc. wünschenswerte] ‚Pädagogische Verhältnis' gesagt worden ist.[13]

Eine partnerschaftlich-kooperative Beziehung herzustellen, gelingt, wenn sich die Unterrichtenden ihrer verschiedenen Aufgaben, der jeweiligen Ziele und Voraussetzungen bewusst sind. Als Vorschlag die folgende Auflistung:

Aufgaben	Ziele	Voraussetzungen
Beobachten	Dass die Kinder und Jugendlichen sich in ihrem Sosein erkannt und geachtet wissen.	Dass die Unterrichtenden die Kinder und Jugendlichen in ihrem Sosein kennen lernen.
Erforschen und Deuten	Dass die die Kinder und Jugendlichen sich in der Wahrnehmung ihres Erlebens und Verhaltens erkannt und geachtet wissen.	Dass die Unterrichtenden kennen lernen, wie die Kinder und Jugendlichen ihr Erleben und Verhalten wahrnehmen.

können wir das später nur, wenn wir die Gesamtsituation wiedererstehen lassen."

12 K.E. Nipkow, Die Bildungsfrage der Kirche nach innen und außen im Spiegel der bildungstheoretischen Reflexionen Peter Biehls, in: B. Dressler/ F. Johannsen/R. Tammaeus (Hg.), Hermeneutik, Symbol, Bildung. Perspektiven der Religionspädagogik seit 1945, Neukirchen-Vluyn 1999, (105–112) 106.

13 H.J. Tymister, 13.

Aufgaben	Ziele	Voraussetzungen
Kontaktsuchen	Dass die Kinder und Jugendlichen ohne Angst um den eigenen Wert haben zu müssen und ohne auf Werterhaltungsstrategien zurückgreifen zu müssen, eigene Beiträge leisten können.	Dass die Unterrichtenden Kindern und Jugendlichen Gelegenheiten geben, eigene Beiträge zu leisten, und diese annehmen.
Entlasten	Dass die Kinder und Jugendlichen sich als Personen erleben, die grundsätzlich kompetent sind, Probleme zu lösen.	Dass die Unterrichtenden auf die grundsätzliche Problemlösungskompetenz der Kinder und Jugendlichen vertrauen.
Enthüllen	Dass die Kinder und Jugendlichen durch eine erweiterte Wahrnehmung ihres Erlebens und Verhaltens zu einer kritischen Wahrnehmung ihres je eigenen Lebensstils befähigt werden und Möglichkeiten einer Korrektur prüfen können.	Dass die Unterrichtenden an den Lebensstilen der Kinder und Jugendlichen interessiert sind und ihnen den Freiraum gewähren, Möglichkeiten einer Korrektur zu prüfen.
Trainieren	Dass die Kinder und Jugendlichen den Versuch genauso hoch bewerten wie den Erfolg.	Dass die Unterrichtenden den Versuch genauso hoch bewerten wie den Erfolg.
Regieführen	Dass die Kinder und Jugendlichen die Erfahrung von Kooperation machen.	Dass die Unterrichtenden die Kinder und Jugendlichen als Partner in einer Übung in Kooperation ansehen.

2. Die grundsätzliche Möglichkeit, dem Lebensstil eines biblischen Menschen auf die Spur zu kommen

Kann es gelingen, dem Lebensstil eines biblischen Menschen auf die Spur zu kommen? *Bärbel Husmann* bestreitet dies mit dem zweifellos richtigen Hinweis:

Was die Erhebungsmöglichkeiten von persönlichen Lebensstilen angeht, so sei [..] darauf verwiesen, dass dies nie in Spekulation *über* jene Personen, sondern immer nur in Verständigung *mit* ihnen geschehen kann.[14]

Belegt nun der Einwand bereits die Unmöglichkeit einer lebensstilorientierten Bibelerschließung? Oder lässt sich doch eine Verständigung *mit* dem „fremden Charakter" in der Literatur erreichen? Da die Interpretation der biblischen Schriften nicht anderen Bedingungen unterliegen kann als jede andere Literatur,[15] entscheidet die Antwort zugleich über den Wert des von *Spiel* vorgeschlagenen Weges der „Enthüllung am fremden Charakter". Oder anders: *Spiels* unterrichtliche Erprobung am Beispiel des „Vieräugels", einer Novelle, dessen Held ein stark kurzsichtiger, von seinen Kameraden verlachter und verspotteter Junge ist, der einen gemeinschaftsfeindlichen Lebensstil trainiert, kann nicht legitim sein, wenn nicht auch der Blick auf die Menschen der Bibel, z.B. auf den vorösterlichen Petrus, gestattet ist.

Versteht man Bibelerschließung als Begegnung mit einem Mitmenschen in der Bibel, als Verständigungsbemühung mit ihm, so dürfen dann Fragen zur „Wahrnehmung und Verständigung über das Lebensstiltypische am Problemlösungsverhalten"[16] dieses Menschen gestellt werden, wenn die biblische Überlieferung das Material für eigene Antworten bietet (nur dann!). Daher sind Antwortversuche beispielsweise auf die von

---

14 B. Husmann, Rez. M. Günther: Interesse am Mitmenschen. Lebensstilorientierte Bibelerschließung im biblischen Unterricht, in: Z. f. Individualpsychol. 27, 2002, 65–67.
15 R. Bultmann, Das Problem der Hermeneutik (1950), in: ders., Glauben und Verstehen. Gesammelte Aufsätze II, Tübingen ⁵1968, 211–235.
16 B. Husmann, 66.

Robert F. Antoch genannten Fragen zur Lebensstilanalyse[17] immer dahin gehend am Text zu prüfen, ob sie Antworten des biblischen Menschen sein können:

– Welche Einstellung hat er (z.b. der vorösterliche Petrus) zu „den anderen"? Gemeint sind Regelmäßigkeiten im Fühlen, Denken und in den Handlungsdispositionen.
– Welche Einstellung hat er zu sich selbst und zu den Rollen, die er spielt?
– Wie bewertet er seinen bisherigen Lebensweg, und welchen Eindruck hat er von den Aufgaben, vor die er sich gestellt sieht?
– Welche Mittel setzt er zur Zielerreichung ein?
– Welche Ziele verfolgt er, und welche hat er erreicht?

Im Anschluss an *Antoch* ließe sich sagen: Jede Antwort auf diese Fragen, die im Gespräch mit dem Menschen in der Bibel erarbeitet, modifiziert und immer weiter differenziert werden müssen, kennzeichnen das Besondere, Charakteristische des betreffenden Menschen. *Antoch* schreibt:

Im Zusammenhang gesehen, ergeben sie die einheitliche einmalige Konstellation, die in der Individualpsychologie der Lebensstil des Individuums heißt: die für diese und *nur* für diese Person charakteristische Weise, in der sie die von ihr erlebten Mangellagen zu überwinden trachtet. In diesem ganzheitlichen Bezugsrahmen findet die Symptomatik ihren Stellenwert; sie wird auf diesem Hintergrund *nicht erklärt* (nicht als notwendige Wirkung bestimmter Ursachen gekennzeichnet): sie wird *verständlich* als eine unter der Voraussetzung einer bestimmten Zielsetzung *mögliche* – in diesem Fall eingetretene – Folge gewisser fremd- und selbstbestimmter Bedingungen.[18]

Das Ziel eines solchen Gespräches ist es nicht, dem biblischen Menschen beratend oder therapeutisch gegenüber zu treten, sondern die Perspektive der Begegnung immer wieder schrittweise zu wechseln – so oft es der Text erlaubt. Das Ziel ist, dass die Kinder und Jugendlichen sich (von sich selbst her) befragen lassen. „Idealtypisch" lässt sich der Gesprächsverlauf folgendermaßen darstellen:

17 R.F. Antoch, Kommunikation, 92f.
18 Ebd.

Kinder und Jugendliche	Biblischer Mensch
→	Welche Einstellungen hat der biblische Mensch zu „dem anderen"?
Welche Einstellungen habe ich zu „dem anderen"?	←
→	Welche Einstellungen hat der biblische Mensch zu sich selbst und zu den Rollen, die er spielt?
Welche Einstellungen habe ich zu mir selbst und zu den Rollen, die ich spiele?	←
→	Wie bewertet der biblische Mensch seinen bisherigen Lebensweg; welchen Eindruck hat er von den Aufgaben, vor die er sich gestellt sieht?
Wie bewerte ich meinen bisherigen Lebensweg; welchen Eindruck habe ich von den Aufgaben, vor die ich mich gestellt sehe?	←
→	Welche Mittel setzt der biblische Mensch zur Zielerreichung ein?
Welche Mittel setze ich zur Zielerreichung ein?	←
→	Welche Ziele verfolgt der biblische Mensch, welche hat er bereits erreicht?
Welche Ziele verfolge ich, welche habe ich bereits erreicht?	←

Der hier unternommene Versuch zu *Spiels* Theorie der „Enthüllung am fremden Charakter" stellt das konkrete Erleben und Verhalten eines biblischen Menschen in das Zentrum der Begegnung.

46

Im Anschluss an die von *Michael Meyer-Blanck* genannten Intentionen einer Didaktik religiöser und christlicher Zeichenprozesse[19] lässt sich das Vorgehen genauer fassen. Eine stufenweise sich erweiternde Wahrnehmung kann erreicht werden durch das „Studieren, Probieren und Kritisieren" des beschriebenen Erlebens und Verhaltens, zunächst allerdings, ohne nach religiösen Implikationen Ausschau zu halten:

Das *Studieren* erlaubt es, im Gespräch mit dem Menschen in der Bibel Antworten auf die eingangs genannten Fragen zum Lebensstiltypischen seines Problemlösungsverhaltens zu erarbeiten, zu modifizieren und immer weiter zu differenzieren. Dabei fragen die Kinder und Jugendlichen (von sich selbst her) und lassen sich entsprechend (von sich selbst her) befragen.

Das (gedankliche, spielerische, gestalterische) *Probieren* von Erleben und Verhalten ist immer zugleich das Probieren eigenen Erlebens und Verhaltens. Auf dieser wirklichkeitsentsprechenden und damit glaubwürdigen Grundlage können Ziel und Bewegung des Menschen in der Bibel nunmehr als tertium comparationis dienen.

Das *Kritisieren* gibt den Kindern und Jugendlichen schließlich die Freiheit, sich ein eigenes Urteil im Blick auf den Lebensstil des biblischen Menschen sowie im Blick auf ihren je eigenen Lebensstil zu bilden und Möglichkeiten einer Korrektur, im günstigen Fall unter Einbeziehung der Frage nach einer Glaubenserfahrung zu prüfen:

	Kinder und Jugendliche	Biblischer Mensch
Hypothese zum Ziel und zur Bewegung des biblischen Menschen	⟶	
Hypothese zum eigenen Ziel und zur eigenen Bewegung	⟵	

19 M. Meyer-Blanck, Vom Symbol zum Zeichen. Symboldidaktik und Semiotik, Hannover 1995, bes. 118–123.

	Kinder und Jugendliche	Biblischer Mensch
Korrektur des Lebensstils des biblischen Menschen? Aufgrund einer Glaubenserfahrung?	→→→→→→→→→→→→→	
Korrektur des eigenen Lebensstils? Aufgrund einer Glaubenserfahrung?	←←←←←←←←←←←←←	

Meyer-Blanck ist natürlich zuzustimmen, wenn er an anderer Stelle schreibt:

[A]lle Unterrichtenden wissen, daß die berühmte Frage ‚Und was glaubst du?' Sternstunden vorbehalten ist und nicht zur Grundlage einer didaktischen Konzeption gemacht werden kann. Die Frage nach der Wahrheit gewinnt ihre Würde gerade dadurch, daß sie nicht allzu schnell beantwortet werden kann.[20]

Doch kann die Begegnung mit den biblischen Menschen zu einer Begegnung mit dem „unsichtbaren Steuermann" werden; ihn wahrzunehmen, heißt, selbst steuernder Kapitän des eigenen Lebensschiffes sein zu können. Und wer weiß: vielleicht berichten die Kapitäne dann ja in einer „Sternstunde" darüber, welche neue Route ihre Schiffe nehmen.

---

20 Ders., Einverständnis und Überwältigung, in: Loccumer Pelikan 1998, 149.

IV. Das Interesse am Mitmenschen – Lebensstilorientierte Bibelerschließung

Bevor Methoden vorgeschlagen werden sollen, die Bibel als Quelle der Menschenkenntnis zu erschließen, seien bisherige individualpsychologisch orientierte Auslegungsansätze kurz vorgestellt.

Exkurs: Individualpsychologie als Interpretament biblischer Überlieferungen

Versuche, die Individualpsychologie als Interpretament biblischer Überlieferungen zu nutzen, haben bislang *Fritz Künkel* (1957)[1] und *Jochen Ellerbrock* (1985)[2] vorgelegt.

Fritz Künkel, Die Schöpfung geht weiter

Fritz Künkel vertritt innerhalb der Individualpsychologie eine eigene Richtung. Wahrscheinlich durch die „dialektische Theologie" beeinflusst, nimmt *Künkel* für den Menschen „Infinalität" an, ein grundsätzliches Streben des Individuums über sich hinaus auf die Zweckhaftigkeit des Ganzen[3]. Von dieser Annahme her unterscheidet er zwischen ichhaften und sachlichen (d.h. letztlich von Gott gesetzten) Zielen des Menschen und sieht die Einheit des Individuums als eine dauerhaft gestörte

---

1 F. Künkel, Die Schöpfung geht weiter. Eine psychologische Untersuchung des Matthäusevangeliums, Konstanz 1957.
2 J. Ellerbrock, Adamskomplex. Alfred Adlers Psychologie als Interpretament christlicher Überlieferung, Erfahrung und Theologie. Schriften zur Praktischen Theologie 11, Frankfurt/M./Bern/New York 1985.
3 F. Künkel, Vitale Dialektik. Theoretische Grundlagen der individualpsychologischen Charakterkunde, Leipzig 1929, 67.

49

an.[4] Die persönliche Zielsetzung, die Unsachlichkeit[5] hervor-
bringe, widerspreche immer wieder neu der Zweckhaftigkeit
des Ganzen, die Sachlichkeit erfordere. Die notwendige Um-
wandlung des Lebensstils hin zu einem allein von der Zweckhaftigkeit des Ganzen gelenkten[6] gelinge nur durch den Weg in
und durch die Krise[7] und aufgrund von Gnade[8]; sie sei letztlich
ein Wunder.

Zur Kritik: Diese subjektive Setzung *Künkels* führt bei der
Interpretation biblischer Überlieferungen (hier: des Matthäusevangeliums) unweigerlich sowohl zu einer selektiven Wahrnehmung des Textes als auch zur Interpolation des von *Künkel*
Vorausgesetzten.

Jochen Ellerbrock, Adamskomplex[9]

Biblischer Hermeneutik gelinge es (im besten Fall), so stellt
Jochen Ellerbrock fest, den Gehalt der alten Überlieferungen in
einer dem Verstehens- und Erfahrungshorizont der Zeitgenossen angemessenen Weise zur Sprache zu bringen. Jedoch bleibe
eine Verlegenheit:

Auch bei struktualer Hermeneutik läßt sich nicht zwingend aufwei-
sen, inwieweit eine 2000 oder 3000 Jahre alte Überlieferung heutiges
Selbstverständnis und – was genauso wichtig ist – konkretes Handeln
in der Gegenwart bestimmen kann.

Ellerbrock möchte nun einen neuen Weg beschreiten, „die Rele-
vanz der alten Texte über die Zeiten hinweg zu erweisen" (39f):

4 Ders., Charakter, Krisis und Weltanschauung, Leipzig 1935, Nachdruck:
   Stuttgart 1976, 59.
5 Vgl. ders., Einführung in die Charakterkunde. Auf individualpsychologischer Grundlage, Leipzig 1928, Nachdruck: Stuttgart 1968, 8f.
6 Dies bringt Künkel harte Kritik ein; so meint E. Wexberg (Individualpsychologie als Religion und als Wissenschaft. Bemerkungen zu Künkels „Einführung in die Charakterkunde", in: I. Z. Individualpsych. 6, 1928, [228–
   236] 230), Künkels Menschenideal sei ein Heiliger.
7 F. Künkel, Charakter, 136f.
8 Vgl. A. Adler/E. Jahn, Religion und Individualpsychologie. Eine prinzi-
   pielle Auseinandersetzung über Menschenführung, Wien/Leipzig 1933,
   Nachdruck: Frankfurt/M. 1975, 41.
9 Nachweise werden im Text gegeben.

Texte der Bibel lassen sich so betrachten, als ob es sich dabei um frühe Erinnerungen im Sinne Adlers handelt. Niemals analysierte Adler einen Menschen, ohne nach dessen erster Erinnerung zu fragen. Er hatte nämlich eine überraschende Entdeckung gemacht. Aus den ersten drei bis fünf Lebensjahren werden nur solche Elemente im Gedächtnis bewahrt, die in gleichnishafter Weise die Persönlichkeitsstruktur des Betreffenden, seinen ‚Lebensstil‘ (Adler) zum Ausdruck bringen. Die frühen Erinnerungen sagen also etwas über das Wesen eines Menschen, verdichtet zum Gleichnis. (40)

Ellerbrock meint, durch die Übertragung dieses Sachverhalts auf die biblischen Überlieferungen die hermeneutische Verlegenheit beseitigen zu können (41):

Die Heilige Schrift – repräsentiert sie nicht in der Tat die ‚frühen Erinnerungen des Christentums‘? Erinnerungen, in denen Gottes Heilsplan mit den Menschen seinen Ausdruck findet? Das aber würde heißen, daß sich in den so verstandenen Erinnerungen Vergangenheit und Gegenwart zusammenschließen. (ebd.)

Die Vorgehensweise bestimmt *Ellerbrock* sodann folgendermaßen:

Wie in der Kindheitserinnerung eines Menschen Strukturelemente seines Lebensstils in symbolisch verschlüsselter Form enthalten sind, die über die Zeiten hinweg gleich bleiben und im Wechsel der nach außen in Erscheinung tretenden Lebensformen den weitgehend unveränderten Kern einer Person repräsentieren, so läßt sich Entsprechendes auch von biblischen Überlieferungen sagen. Die ‚frühen Erinnerungen des Christentums‘ bringen über die Jahrhunderte hinweg zum Ausdruck, worin das Wesen dieses Glaubens besteht. Wie es sich bei den Kindheitserinnerungen eines Menschen um Symbole handelt, so auch hier. Indem die ‚frühen Erinnerungen des Christentums‘ auf ihren Symbolgehalt hin befragt werden, kommt ein ungemein dynamisches Element in die Interpretation. (42)

Ein Beispiel: *Ellerbrock* behandelt „Jesus von Nazareth: Ermutigung als Ruf zur Umkehr" (122–126).[10] Vor der Durchsicht der Quellen (Mk 1,15; Mt 11,28f; Mt 6,1–18; Lk 18,9–14) setzt *Ellerbrock* voraus: „Jesus wollte den Menschen nicht drohen,

---

10 Weiterhin behandelt Ellerbrock „Die Urgeschichte des Jahwisten" (a.a.O., 85–119) und „Das Menschenbild des Apostels Paulus" (163–185).

sondern ihnen Mut und Vertrauen schenken" (123). Und wenig später: „Jesus macht den Menschen ein heilsames Angebot. Er droht nicht. Er lockt" (124).

Es ist deutlich, dass Ellerbrock Jesus als „Therapeuten" in den Blick nimmt. Sieht man in der Beschreibung Ellerbrocks das Eigentliche der „frühen Erinnerungen des Christentums", so mag man in Jesu Wort und Tat die Vorwegnahme des Grundzuges individualpsychologischer Therapie, die Ermutigung, sehen. Die biblischen Jesusüberlieferungen bieten dann allerdings nicht das einheitliche Bild, so dass sie ausnahmslos als Ermutigungsgeschichten gelesen werden könnten (vgl. nur das Gleichnis von der bittenden Witwe: Lk 18,1–8). Anders: Die „frühe Erinnerung" vermag nur etwas über das als unteilbares Ganzes verstandene Individuum zu sagen – wie es Ellerbrocks Auslegung von Röm 7 (170f) dann aber eindrucksvoll zeigt (s. dazu u., S. 107).

Nun zu den Methoden der lebensstilorientierten Bibelerschließung.

1. Ist voraussetzungslose Exegese möglich?

Der folgende, erste Abschnitt wird nicht in das Lamento über die historisch-kritische Methode einstimmen,[11] um danach die verschiedenen exegetisch-hermeneutischen Methoden durchzusehen[12] und schließlich als Desiderat ein integratives exegetisches Konzept zu bestimmen.[13] Das wäre zuviel und zuwenig zugleich. Es gilt vielmehr, auf direktem Wege zu den Methoden

---

11 Vgl. aber G. Ebeling, Die Bedeutung der historisch-kritischen Methode für die protestantische Theologie und Kirche (1950), in: ders., Wort und Glaube, Tübingen 1960, (1–49) 48, der fragt, „[...] ob nicht die weit verbreitete entsetzliche Lahmheit und Abgestandenheit der kirchlichen Verkündigung, ob nicht ihr Unvermögen, den Menschen der Gegenwart anzureden, ob nicht ebenso die Unglaubwürdigkeit der Kirche als solcher in hohem Maße damit zusammenhängt, dass man sich davor fürchtet, die Arbeit der historisch-kritischen Theologie in sachgemäßer Weise fruchtbar werden zu lassen [...]"
12 Vgl. H.K. Berg, Ein Wort wie Feuer. Wege lebendiger Bibelauslegung, Handbuch des Biblischen Unterrichts 1, München/Stuttgart 1991.
13 A.a.O., 407–449.

der lebensstilorientierten Bibelerschließung zu gelangen. In Auseinandersetzung mit *Rudolf Bultmann* sollen zunächst Grundsätze zur Exegese biblischer Texte benannt werden.

Bultmann beantwortet die Titelfrage seines viel beachteten Aufsatzes von 1957[14] nur insofern positiv, als er eine vorurteilsfreie, d.h. ergebnisoffene Exegese für möglich und geboten hält (142). Die Gefahr liegt auf der Hand. Der Interpret gibt das Ziel der Interpretation vor und legt zugleich die Blickrichtung fest, so dass die selektive Wahrnehmung des Textes oder die Interpolation textfremder Wahrnehmungen kaum mehr zu vermeiden sind. Wenn aber die Suche nach dem Sinn des Wortlautes oder dem verborgenen Sinn hinter dem Wortlaut zielgerichtet, d.h. ausgerichtet auf das vom Interpreten vorgegebene Ziel ist, „[…] dann ist klar, daß der Exeget in solchen Fällen nicht hört, was der Text sagt, sondern ihn sagen läßt, was er, der Exeget, schon vorher weiß" (ebd.). Eine erste Folgerung für die Exegese biblischer Texte:

– „Die Exegese der biblischen Schriften muß wie jede Interpretation eines Textes vorurteilsfrei sein" (148).

In keinem anderen Sinn als dem einer vorurteilsfreien, d.h. ergebnisoffenen Exegese, so *Bultmann* weiter, könne diese voraussetzungslos sein. „Unabdingbare Voraussetzung aber ist *die historische Methode* in der Befragung der Texte", da Exegese als Interpretation historischer Texte ein Stück Geschichtswissenschaft sei (143). Eine zweite Folgerung:

– „Die Exegese ist aber nicht voraussetzungslos, weil sie als historische Interpretation die Methode historisch-kritischer Forschung voraussetzt" (149).

Ferner setze „[…] historisches Verstehen immer *ein Verhältnis des Interpreten zu der Sache* [voraus], die in den Texten (direkt oder indirekt) zu Worte kommt. Dieses Verhältnis ist durch den *Lebenszusammenhang* begründet, in dem der Interpret steht" (146f). Das Vorverständnis sei jedoch solange nicht mit

---

14 In: R. Bultmann, Glauben und Verstehen. Gesammelte Aufsätze III, Tübingen ³1965, 142–150. Nachweise werden im Text gegeben.

einem Vorurteil gleichzusetzen, wie es ein „bewegtes" Verständnis bleibe, „[…] d.h. wenn die Sachen, um die es geht, uns selbst angehen, für uns selbst Probleme sind" (147). Drei weitere Folgerungen:

- „Vorausgesetzt ist ferner der Lebenszusammenhang des Exegeten mit der Sache, um die es in der Bibel geht, und damit ein Vorverständnis" (149).
- „Das Vorverständnis ist kein abgeschlossenes, sondern ein offenes, so daß es zur existentiellen Begegnung mit dem Text kommen kann und zu einer existentiellen Entscheidung" (ebd.).
- „Das Verständnis des Textes ist nie ein definitives, sondern bleibt offen, weil der Sinn der Schrift sich in jeder Zukunft neu erschließt" (ebd.).

Es ist deutlich, dass mit der Einführung des Begriffs „Vorverständnis" im Sinne *Bultmanns* der Schritt von der historischen Exegese zur existentialen Hermeneutik, von der diachronen zur synchronen Konzeption getan ist. Zweifellos ist keine Konzeption vorverständnisfrei[15], daher muss es entscheidend sein, ob das Vorverständnis den Charakter einer Arbeitshypothese hat (die Exegese wäre grundsätzlich ergebnisoffen) oder den Charakter eines unrevidierbaren Axioms (zumindest der Rahmen, in dem das Ergebnis der Exegese erzielt werden kann, wäre vorgegeben). *Bultmann* erläutert das Vorverständnis wie folgt:

Das Vorverständnis ist begründet in der das menschliche Leben bewegenden Frage nach Gott. Es bedeutet also nicht, daß der Exeget alles mögliche von Gott wissen muß, sondern daß er von dieser existentiellen Frage nach Gott bewegt ist – einerlei welche Form diese Frage jeweils in seinem Bewußtsein annimmt, etwa die Frage nach dem ‚Heil', nach der Rettung vor dem Tode, nach Sicherheit in wechselndem Schicksal, nach der Wahrheit inmitten der rätselhaften Welt. (149)

15 Vgl. zur historisch-kritischen Methode nur G. Strecker/U. Schnelle, Einführung in die neutestamentliche Exegese, UTB 1253, Göttingen ³1988, 11: „Als Mittel der Exegese ist die historisch-kritische Auslegungsmethode weder voraussetzungslos noch unveränderlich. Ihre Wurzeln hat sie in der geistesgeschichtlichen Wende der Neuzeit, die sich in den Entdeckungen und Ergebnissen der Naturwissenschaften, der Philosophie, der Ökonomie, der Philologie und der Geisteswissenschaften niederschlug."

Ähnlich 1950:

Voraussetzung jeder verstehenden Interpretation ist das vorgängige Lebensverhältnis zu der Sache, die im Text direkt oder indirekt zu Worte kommt und die das Woraufhin der Befragung leitet.[16]

Indem das Vorverständnis, „das vorgängige Lebensverhältnis zu der Sache", gleichgesetzt wird mit der existentiellen Frage nach Gott, ist es intersubjektiver Nachvollziehbarkeit entzogen und wird durch die dogmatische Vorgabe in den Bereich der Innerlichkeit des einzelnen verwiesen. Damit ist Ergebnisoffenheit nur mehr in diesem engen, vorgegebenen Rahmen möglich.

Gleiches gilt im übrigen für die tiefenpsychologische Hermeneutik, deren Vorverständnis *Maria Kassel* als die Annahme beschreibt, „[...] daß menschliches Leben in seinem Selbstverständnis wie in seinen Äußerungen stark bestimmt wird von einer Schicht der Psyche, die vom Bewußtsein getrennt ist."[17] Auch hier ist das Vorverständnis intersubjektiver Nachvollziehbarkeit entzogen.[18] Ob die tiefenpsychologische Allegorese überzeugt, liegt somit im Ermessen des einzelnen Rezipienten.

Ertrag

Als Ertrag der Auseinandersetzung mit *Bultmanns* Thesen sind folgende drei Grundsätze festzuhalten:

16 R. Bultmann, Das Problem der Hermeneutik (1950), in: ders., Glauben und Verstehen. Gesammelte Aufsätze II, Tübingen ⁵1968, (211–235) 227.
17 M. Kassel, Biblische Urbilder. Tiefenpsychologische Auslegung nach C.G. Jung, München ²1980, 65.
18 Vgl. den Versuch M. Kassels, a.a.O., 63, die Tiefendimension im Auslegungsprozess zu erklären: „Eine simple Beobachtung aus der eigenen Arbeit an Bibeltexten mit unterschiedlichen Adressatengruppen führt auf die Spur einer Erklärung. Die gleichen Bibeltexte üben auf verschiedene Menschen ganz verschiedene Wirkungen aus, ja aus ein und derselben Textaussage hören Menschen, trotz exakter historisch-kritischer Auslegung Unterschiedliches heraus [...] Das von jedem aufmerksamen Vermittler biblischer Überlieferungen feststellbare Phänomen legt den Schluß nahe, daß gleichzeitig mit der bewußten Rezeption der Textaussage eine gewissermaßen unterirdische Kommunikation zwischen Bibeltext und Leser abläuft."

– Indem die Exegese ein Vorverständnis voraussetzt, kann sie die Forderung der Vorurteilsfreiheit im Sinne der Ergebnisoffenheit nur erfüllen, wenn das Vorverständnis den Charakter einer Arbeitshypothese hat.
– Das Vorverständnis und die Methodik müssen intersubjektiv nachvollziehbar und die Ergebnisse überprüfbar sein und,
– sollen Exegese und Hermeneutik verbunden werden (im Sinne des Zum-Verstehen-Bringens[19]), ist ein Wechsel von diachronen und synchronen Schritten vorzunehmen. (In diese Richtung geht die Suche nach neuen Wegen der Auslegung ja durchaus.[20])

Welche Methoden bieten sich nun für die lebensstilorientierte Bibelerschließung an?

2. Die Methoden der lebensstilorientierten Bibelerschließung

2.1. Biblisch-theologische Erschließung

Bibelerschließung ist die Interpretation historischer Texte. Sie kann nicht gelingen ohne die Methode historisch-kritischer Forschung.

Die lebensstilorientierte Bibelerschließung fragt nach einem Menschen in der Bibel als Person im Sinne historischer Einmaligkeit. Indem in einem ersten Schritt sein historischer Ort erschlossen wird, öffnet sich für die heutigen Rezipienten ein Begegnungsraum mit einem Mitmenschen vergangener Zeit. Die Wahrnehmung der historischen Differenz schützt davor, dem Menschen in der Bibel als typischer oder fiktiver Figuren zu begegnen und ihn vorschnell für das eigene Vorverständnis zu vereinnahmen. Zunächst ist er als historische Gestalt ein Fremder.

Die einzelnen Schritte der biblisch-theologischen Erschließung:

19 Vgl. G. Ebeling, Wort Gottes und Hermeneutik (1959), in: ders., Wort und Glaube, Tübingen 1960, (319–348) 337.
20 Vgl. H.K. Berg, 39f.

Den Text in seiner überlieferten Gestalt erkennen

Originale biblischer Schriften sind nicht mehr vorhanden. Daher muss eine Annäherung an den ursprünglich verfassten Text durch den Vergleich von Textzeugen (Handschriften, Lektionarien, Zitate und Übersetzungen) erfolgen (Textkritik).

Steht eine wahrscheinliche Urfassung nach diesem ersten Schritt zur Verfügung, gilt es, das Textgewebe sichtbar zu machen: zunächst den Kontext zu bestimmen, in dem der Text steht, dann seine äußere Abgrenzung und seinen Aufbau sichtbar zu machen, schließlich nach der Einheitlichkeit des Textes zu fragen. Veränderungen, die der Text erfahren hat, lassen sich oft durch sprachliche, stilistische und inhaltliche Brüche und Unstimmigkeiten erkennen (Literarkritik).

Ein dritter Schritt gilt der Frage, ob der Text einer festen Form (als Einzeltext) oder Gattung (einem Texttypus) zuzuordnen ist. Immer wurde mit der Form eines Textes eine bestimmte Intention (ein sogenannter „Sitz im Leben") verbunden (Formgeschichte).

Dem Ursprung des überlieferten Textes nachspüren

Der Weg von der mündlichen Überlieferung bis zur Endgestalt der schriftlichen Fassung ist lang. Zu fragen ist, welche Stufen der Überlieferung erkennbar sind. Lassen sich mündliche Traditionen, die in einen Text aufgenommen wurden, herausarbeiten (Überlieferungskritik)?

In welchen größeren schriftlich-literarischen Zusammenhang ist der Text einzuordnen (Quellenkritik)?

Unter welchen Gesichtspunkten haben die alttestamentlichen und neutestamentlichen Autoren ihr Material ausgewählt? Wie haben sie es zusammengestellt, wie bearbeitet (Redaktionsgeschichte)? Hier leitet die Einsicht, dass die Verfasser der überlieferten Texte weit mehr als sammelnde Tradenten waren; sie gestalteten ihre Werke mit spezifischen theologischen Interessen. Die Situation zur Zeit der Abfassung einer Schrift ist in den Blick zu nehmen: Welche Konflikte waren aktuell? Welche religiösen, sozialen und politischen Gegebenheiten bildeten den Hintergrund eines Textes? Welche Absicht verfolgt der Verfasser: Will er trösten, eine Sachfrage behandeln, mahnen?

Einzelaspekte des Textes klären

Was dem heutigen Rezipienten fremd ist, war den ursprünglichen Rezipienten vertraut. Es braucht Informationen, damit der Zugang zum Text nicht versperrt bleibt. Die Herkunft, Geschichte und Anwendung der im Text genannten Begriffe und Motive ist zu klären (Begriffs- und Motivgeschichte).

Die historischen Sinnzusammenhänge erfassen

Dieser letzte Schritt fasst die vorherigen zusammen. Was war die ursprüngliche Aussageabsicht einer Überlieferung? Nur wenn der heutige Rezipient ein Verständnis für den historischen Ort der Überlieferung gewonnen hat, kann er dem biblischen Menschen als Person im Sinne historischer Einmaligkeit vorurteilsfrei begegnen.

2.2. Lebensstilorientierte Annäherung

Bibelerschließung setzt den Lebenszusammenhang des Exegeten mit der Sache, um die es in der Bibel geht, voraus. Erschließt man die Bibel als Quelle der Menschenkenntnis, so ist der Lebenszusammenhang das Erleben und Verhalten einerseits der biblischen Menschen, andererseits des Rezipienten. Die Frage nach Divergenzen und Konvergenzen kann gestellt werden, wenn der Lebensstil eines biblischen Menschen als einmalige, einheitliche und zielgerichtete Dynamik in den Blick kommt. Der Rezipient versucht, dem Lebensstil des biblischen Menschen auf die Spur zu kommen, genauer: er befragt ihn nach seinem Erleben und Verhalten.

Die einzelnen Schritte der lebensstilorientierten Annäherung:

2.2.1. Identifizierung der Ausdrucksformen

Nicht eine einzelne Äußerung eines Individuums lässt eine Folgerung auf das Ganze zu, sondern nur, indem durch das Vergleichen von (möglicherweise auch widersprüchlichen) Äußerungen das ihnen Gemeinsame (Grundlage, Ziel oder Wirkung) ermittelt wird, kann der Lebensstil erfasst werden (der holistische Aspekt; vgl. o., S. 14). Daher kann der erste Schritt nur darin bestehen, alle Ausdrucksformen eines biblischen Menschen zu identifizieren:

– Was erlebt der biblische Mensch?
– Wie verhält sich der biblische Mensch?

2.2.2. Identifizierung einer einheitlichen Dynamik

Erleben und Verhalten eines Individuums sind nicht in ihrer Zuständlichkeit, sondern in ihrer Bewegung auf ein Ziel hin zu betrachten (der teleologische Aspekt; vgl. o., S. 15). Die Gesamtheit der Ausdrucksformen eines biblischen Menschen gibt Aufschluss über Regelmäßigkeiten seines Fühlens, Denkens und seiner Handlungsdispositionen:

– Welche Einstellung hat der biblische Mensch zu seinen Mitmenschen?
– Welche Einstellung hat der biblische Mensch zu sich selbst und zu den Rollen, die er spielt?
– Welche Einstellung hat der biblische Mensch zu den Aufgaben, vor die er sich gestellt sieht?

2.2.3. Hypothese zum Ziel

Das Ziel dient stets der Anpassung und Sicherung für die Zukunft. Der schöpferische Umgang mit den Einwirkungen ist entscheidend für die Dynamik der Persönlichkeit (der aufklärerische Aspekt; vgl. o., S. 22). Das Ziel – und damit den Lebensstil – eines biblischen Menschen zu erfassen, kann nur gelingen, indem in einem Gespräch mit ihm Antworten erarbeitet, modifiziert und immer weiter differenziert werden; schon der Weg zeigt, dass der Lebensstil immer nur als (vorsichtige) Hypothese beschrieben werden kann:

– Welche Mittel setzt der biblische Mensch zur Zielerreichung ein?
– Welches Ziel verfolgt er, und welche hat er erreicht?

In der individualpsychologischen Praxis hat sich die sogenannte „individualpsychologische Frage" als hilfreich erwiesen: „Was würden Sie tun, wenn Ihre Problematik plötzlich nicht mehr bestehen würde?"[21] *Adler* schreibt:

Man suche eine Voraussetzung, unter der das Gebaren des Patienten verständlich wäre. Ist diese Voraussetzung stichhaltig, dann wird man immer finden, daß auch der Patient von ihr ausgeht, ohne ihre Bedeutung zu begreifen. Oder man frage: ‚Was würden Sie beginnen, wenn ich Sie in kurzer Zeit heilen würde‘, und hat dann fast immer das Problem in der Hand, das den Patienten zwingt, auszuweichen.[22]

2.2.4. Lebensstilorientierte Deutung der Ausdrucksformen

Der Lebensstil bestimmt die Antworten auf alle sich dem Individuum stellenden Fragen, sein Erleben und sein Verhalten. Von der aufgestellten Hypothese aus ist nun zu fragen:

– Sind alle Ausdrucksformen als Teile des Lebensstils des biblischen Menschen verstehbar?

Gott

↑

Aufgaben ← *Lebensstil des Menschen* → Mitmenschen
in der Bibel

↓

Selbst

– Oder deuten widersprüchliche Ausdrucksformen darauf hin, dass der biblische Mensch eine Korrektur seines Lebensstils vollzogen hat?
– Schließlich: Hat der biblische Mensch seinen Lebensstil aufgrund einer Glaubenserfahrung korrigiert?

2.3. Beziehung auf das eigene Leben

Lebensstilorientierte Bibelerschließung hat ein offenes Verständnis des Textes zum Ziel. Gelingt die Begegnung mit dem Menschen in der Bibel, d.h. wird er auch zu dem den Rezipienten Befragenden, ist der Weg dafür frei, dass die Tradition in die

---

21 R.F. Antoch, Kommunikation, 80.
22 A. Adler, Praxis, 206.

je konkrete Situation hineinspricht. Nicht wahrgenommene oder unverstandene Ausdrucksformen können zur Quelle der Erkenntnis werden. Die sich im Fragen und Gefragtwerden stufenweise erweiternde Wahrnehmung kann Alltägliches und Selbstverständliches aufbrechen und neuer, je eigener Glaubenserfahrung einen Raum öffnen – die Glaubenserfahrung selbst bleibt freilich unverfügbar. Die Aufgaben sind:

- Identifizierung der eigenen Ausdrucksformen
- Identifizierung einer eigenen einheitlichen Dynamik
- Hypothese zum eigenen Ziel
- Lebensstilorientierte Deutung der eigenen Ausdrucksformen

Bevor die Grenzen lebensstilorientierter Bibelerschließung angesprochen werden sollen, seien die Methoden noch einmal im Überblick dargestellt.

2.4. Die Methoden der lebensstilorientierten Bibelerschließung im Überblick

Biblisch-theologische Erschließung

Den Text in seiner überlieferten Gestalt erkennen
Textkritik
Literarkritik
Formgeschichte

Dem Ursprung des überlieferten Textes nachspüren
Überlieferungskritik
Quellenkritik
Redaktionsgeschichte

Einzelaspekte des Textes klären
Begriffs- und Motivgeschichte

Lebensstilorientierte Annäherung

Identifizierung der Ausdrucksformen
Was erlebt der biblische Mensch?
Wie verhält sich der biblische Mensch?

Identifizierung einer einheitlichen Dynamik
Welche Einstellung hat der biblische Mensch zu seinen Mitmenschen?
Welche Einstellung hat er zu sich selbst und zu den Rollen, die er spielt?
Welche Einstellung hat der biblische Mensch zu den Aufgaben, vor die er sich gestellt sieht?

Hypothese zum Ziel
Welche Mittel setzt der biblische Mensch zur Zielerreichung ein?
Welches Ziel verfolgt er, und welche hat er erreicht?

Lebensstilorientierte Deutung der Ausdrucksformen
Sind alle Ausdrucksformen als Teile des Lebensstils des biblischen Menschen verstehbar?
Oder deuten widersprüchliche Ausdrucksformen darauf hin, dass der biblische Mensch eine Korrektur seines Lebensstils vollzogen hat?

Beziehung auf das eigene Leben

Identifizierung der eigenen Ausdrucksformen
Identifizierung einer eigenen einheitlichen Dynamik
Hypothese zum eigenen Ziel
Lebensstilorientierte Deutung der eigenen Ausdrucksformen

3. Die Grenzen der lebensstilorientierten Bibelerschließung

3.1. Die Textauswahl

Die erste, der lebensstilorientierten Bibelerschließung gesetzte Grenze ergibt sich aus der Aufgabe, dem Lebensstil eines Menschen in der Bibel auf die Spur zu kommen. Der Lebensstil, so wird vorausgesetzt, konkretisiert sich in seinem Erleben und Verhalten. Der Text also muss, um lebensstilorientiert erschlossen werden zu können, das Erleben und Verhalten eines

Menschen so beschreiben, dass einzelne Ausdrucksformen identifizierbar sind, anders: ein Gespräch mit dem biblischen Menschen sachgemäß möglich wird.

Keine die Textauswahl begrenzende Bedeutung hat jedoch die literaturgeschichtliche Frage.

3.2. Die „Erfahrung mit der Erfahrung"

Die zweite, der lebensstilorientierten Bibelerschließung gesetzte Grenze soll am konkreten Beispiel dargestellt werden: an der Heilung des Sohnes eines königlichen Beamten (Joh 4,46–54).[23]

Joh 4,46–52:

(46) Er kam nun wieder nach Kana in Galiläa, wo er das Wasser zu Wein gemacht hatte. Und [dort] war ein Mann in königlichem Dienst, dessen Sohn in Kapernaum krank lag. (47) Als dieser hörte, dass Jesus aus Judäa nach Galiläa gekommen sei, ging er zu ihm hin und bat ihn, er möge herabkommen und seinen Sohn heilen, denn der lag im Sterben. (48) Da sagte Jesus zu ihm: „Wenn ihr nicht Zeichen und Wunder seht, werdet ihr nicht glauben." (49) Der Mann in königlichem Dienst sagte zu ihm: „Herr, komm herab, bevor mein Kind stirbt." (50) Jesus sagte zu ihm: „Geh hin, dein Sohn lebt." Der Mann glaubte dem Wort, das Jesus zu ihm sagte, und ging hin.

23 Lit.: Ch.K. Barrett, Das Evangelium nach Johannes, KEK Sonderband, Göttingen 1993, z.St.; W. Bauer, Das Johannesevangelium, HNT 6, Tübingen [3]1933, z.St.; J. Becker, Das Evangelium nach Johannes. Kapitel 1–10, ÖTK 4/1, Gütersloh [3]1991, z.St.; W.J. Bittner, Jesu Zeichen im Johannesevangelium. Die Messiaserkenntnis im Johannesevangelium vor ihrem jüdischen Hintergrund, WUNT II/26, Tübingen 1987, 122–135; R. Bultmann, Das Evangelium des Johannes, KEK 2, Göttingen ([10]1968) [21]1986, z.St.; H.-P. Heerkens, Die Zeichenquelle der johanneischen Redaktion, SBS 113, Stuttgart 1984, 51–63; R. Schnackenburg, Das Johannesevangelium. I. Teil. Einleitung und Kommentar zu Kap. 1–4, HThK IV, Freiburg/Basel/Wien [5]1981, z.St.; ders., Zur Traditionsgeschichte von Joh 4,46–54, in: BZ NF 8, 1964, 58–88; E. Schweizer, Die Heilung des Königlichen, Joh 4,46–54 (1951/52), in: ders., Neotestamentica, Zürich 1963, 407–415.

(51) Doch schon während er hinabging, kamen seine Knechte ihm entgegen und sagten, dass sein Kind lebe. (52) Da erkundigte er sich bei ihnen nach der Stunde, in der es besser mit ihm geworden war. Und sie antworteten ihm: „Gestern um die siebente Stunde verließ ihn das Fieber." (53) Da erkannte der Vater, dass es die Stunde war, in der Jesus zu ihm sagte: „Dein Sohn lebt"; und er glaubte und [mit ihm] sein ganzes Haus.

(54) Das wiederum tat Jesus als zweites Zeichen, als er aus Judäa nach Galiläa kam.

Biblisch-theologische Erschließung

Die sieben Wundererzählungen des Johannesevangeliums finden sich im ersten Großabschnitt Joh 1,19–12,50. Mit dem wahrscheinlich redaktionellen Hinweis 1,51 nennt der Verfasser das Ziel des Folgenden: Jesus offenbart seine Herrlichkeit vor der Welt (vgl. 2,11). Die Selbstoffenbarung Jesu in den Zeichen ist Offenbarung Gottes. 1,51 („Ihr werdet den Himmel offen sehen.") korrespondiert mit 12,44–50, insbesondere mit 12,45 (vgl. 14,9): „Wer mich sieht, der sieht den, der mich gesandt hat." Die Zeichen geschehen somit, damit die Werke Gottes offenbar werden. Hierbei ist zu beachten, dass bereits für die Notlage, nicht erst für ihre Überwindung, diese Funktion ausgesagt wird (9,3; 11,4). Die Zeichen geschehen weiterhin ausnahmslos auf Initiative Jesu (5,6; 6,5f; 6,16–21; 9,1; 11,15). Auch 2,1–11 und 4,46–54 werden durch die Einfügung retardierender Momente, die V. 2,4[24] und 4,48f,[25] als von Jesus initiiertes Geschehen dargestellt. Die Zeichen als conditio sine qua non für den Glauben zu fordern (2,18; 6,30), kann daher nur zurückgewiesen werden (2,19; 6,32).

Mit 20,31, dem ursprünglichen Abschluss des Johannesevangeliums, wird das johanneische Verständnis der Zeichen zusammengefasst: Jesus tat sie, und das Evangelium überliefert sie, „damit ihr glaubt, dass Jesus der Christus ist, der Sohn Gottes, und damit ihr durch den Glauben das Leben habt in seinem Namen."[26] Gegen dieses Verständnis der Zeichen grenzt

---

24 Zudem ist 2,3 keine Bitte.
25 Vgl. R. Bultmann, Evangelium, 153 Anm. 2: „[…] die Fernheilung [geht] hier nicht auf die Bitte des Vaters, sondern auf Jesu Initiative zurück."
26 20,29 ist hierzu kein Widerspruch, sondern bezieht sich auf die Überlieferung der Taten Jesu. Der Vers geht direkt auf 20,25 zurück.

der Verfasser ein allein auf das Irdische reduziertes ab (2,23f; 6,2f.14.16); es verfehlt, wie 12,37 zeigt, das eigentliche Ziel der Zeichen. Die Überlegungen zum Kontext lassen somit wesentlich zwei Deutungen der Heilungserzählung 4,46–54 zu.

Jürgen Becker vermutet, die Erzählung solle ermahnen, „den Schritt vom Wunder zu Jesus und seinem Wort zu gehen",[27] genauer: sie solle (mit 12,37) klären, welche Gefahren ein (allein) dem Wunder nachfolgender Glaube (4,53b) in sich birgt.

Wolfgang J. Bittner liest (mit 20,31) ein Beispiel für einen vertieften, die Einheit von Wort (4,50a) und Wirklichkeit (4,51) erfahrenden Glauben.[28]

Welcher Deutung der Vorzug zu geben ist, entscheidet sich an der Exegese von V. 48.

Einzelanalyse von V. 48

Die Exegeten sind sich einig, dass die V. 48f auf den Verfasser zurückgehen. Ebenso besteht Konsens darüber, dass V. 48 als Tadelwort zu verstehen ist. Nun ist es jedoch offensichtlich, dass der Königliche kein Zeichen erwartet, sondern Heilung seines Sohnes erbittet. Zudem kann kein Zweifel bestehen, dass das Jesuswort direkt an den Königlichen gerichtet ist (πρὸς αὐτόν).[29] Eine negative Deutung von V. 48 führt in die doppelte Schwierigkeit, dass einerseits Jesus einer zuvor getadelten Bitte (V. 47) nach deren Wiederholung (V. 49) entsprochen hätte und andererseits der abschließende Glaube des Königlichen (V. 53b) gerade der mit V. 48 getadelte und somit dem Glauben aufgrund des Wortes (V. 50b) deutlich unterlegene Glaube wäre. So kommt *Luise Schottroff* denn auch zu dem unbefriedigenden Urteil: „Im Blick auf die in der Erzählung handelnden Personen ist der Vers [sc. V. 48] unmotiviert."[30]

---

27 J. Becker, 224.
28 W.J. Bittner, 127.
29 Mit E. Schweizer, 407 Anm. 1, gegen W. Bauer, 51; R. Schnackenburg, 498; J. Becker, 224.
30 L. Schottroff, Der Glaubende und die feindliche Welt. Beobachtungen zum gnostischen Dualismus und seiner Bedeutung für Paulus und das Johannesevangelium, WMANT 37, Neukirchen-Vluyn 1970, 263. Ähnliche Voten geben Bultmann, Evangelium, 153, und Schweizer, 411, ab.

Wolfgang J. Bittner hat dagegen überzeugend anhand der syntaktischen Struktur des V. 48 dargelegt, dass hier die Form einer positiven Regel vorliegt.[31] Der doppelt negierte Konditionalsatz ist johanneisches Stilmittel.[32] *Bittner* stellt fest, dass sich weder im Johannesevangelium, noch im übrigen Neuen Testament, noch in der Septuaginta ein Beleg dafür finden lässt, dass ein Satz dieser Struktur die Funktion einer negativen Stellungnahme hätte. Auch der Kontext, in dem V. 48 steht, lege dies nicht nahe. So wird nach Bittner mit V. 48 die Bitte des Königlichen (V. 47) aufgenommen (daher die direkte Anrede) und allgemeingültig kommentiert (daher der Plural). Doch bezieht sich die Regel doch wohl noch stärker als auf die Bitte auf die der Bitte implizite Frage nach dem Sinn der Notlage (vgl. 4,47[Ende].48 mit 11,3[Ende].4): V. 48 steht bewusst hinter der nochmaligen Erwähnung der Krankheit (vgl. schon V. 46b). Der Vers zeigt somit, dass das 4,46-54 überlieferte zweite Zeichen Jesu genau die Funktion hat, die 20,31 für die Zeichen insgesamt nennt. Es ist erbauliches Beispiel: Der Glaube des Königlichen verdeutlicht dessen Erfahrung der Einheit von sinngebendem Wort (V. 50b) und sinnhafter Wirklichkeit (V. 51).

Mit V. 48 hat der Verfasser der ihm vorgegebenen Heilungserzählung eine seiner mythischen Gesamtkomposition entsprechende Ausrichtung gegeben. „Der Glaube sieht in den Wundern die Offenbarung Gottes, er hält gegen die irdische Herkunft des Offenbarers dessen Einheit mit Gott fest."[33] Die Einheit von Wort und Wirklichkeit zerbricht, wenn das Geschehen allein als Irdisches gedeutet (so 12,37), ebenso, wenn Handeln Gottes nur jenseits aller menschlichen Erfahrbarkeit geglaubt werden kann (daher die mit 20,31 übereinstimmende Regel 4,48).

Joh 4,46–54 beschreibt beispielhaft die Erfahrung der Einheit von Wort und Wirklichkeit, doch würde es der Intention der Wundererzählungen im Johannesevangelium widersprechen, wenn allein das Ereignis der überwundenen Krankheit –

---

31 W.J. Bittner, 128–134. J. Beckers Kritik an Bittner überzeugt nicht, 224.
32 Vgl. 3,2.3.5.27; 6,44.53.65; 13,8; 15,4; 16,7; 20,25.
33 G. Theißen, Urchristliche Wundergeschichten. Ein Beitrag zur formgeschichtlichen Erforschung der synoptischen Evangelien, StNT 8, Gütersloh ⁶1990, 225.

als dann punktuelles Wunderheil – von Bedeutung wäre. Entscheidend ist vielmehr das universale Heil, das der Wundertäter selbst ist (vgl. 8,2 zu 9,1–11 und 11,25 zu 11,1–44). Das Heil geschieht nicht erst in der Überwindung von Not, sondern bereits in der Notlage (so in aller Deutlichkeit die johanneische Passionsgeschichte: das Kreuz ist die Erhöhung).

Es zeigt sich, dass die Regel V. 48 primär (und analog zu 9,3; 11,4) die Krankheit deutet und bereits sie als Zeichen versteht, dass entsprechend das Wort „Dein Sohn lebt" (V. 50a) nicht erst nach vollendeter Heilung, in sinnhafter Wirklichkeit, gilt, sondern bereits mit der sinnlosen Wirklichkeit der Krankheit eine Einheit bildet und somit die Ambivalenz der Erfahrung aufhebt. Das Sehen des Zeichens eröffnet die Möglichkeit der Erfahrung universalen Heils.

Lebensstilorientierte Annäherung

Dass Joh 4,46–54 von einem Wunder erzählt, ist zu begründen. Ein unerwartet positiver Krankheitsverlauf ist zwar erstaunlich, aber nicht grundsätzlich unerklärbar und somit auch kein Wunder, wenn ein Wunder als Ereignis contra naturam definiert wird. So ist ein Ereignis niemals per se ein Wunder; zum Wunder wird es erst durch Deutung. Umgekehrt muss ein Wunder nicht ein Ereignis sein, das contra naturam geschieht. *Hans Weder* schreibt mit Recht:

[…] [D]er Glaube sieht in dem erstaunlichen (aber nicht per definitionem unmöglichen!) Geschehen Gott am Werk, und eben deshalb erzählt er davon in der Mensch einer Wundergeschichte.[34]

Mit *Rudolf Bultmann* lässt sich weiter sagen:

Für das Auge des Unglaubens ist auch Gottes Tun ein geschehenes Weltereignis, und sofern auch der Glaubende weiß, daß es so gesehen werden kann, und daß er auch selbst immer in der Möglichkeit steht, alles Geschehen so zu sehen, muß er, wenn er von Gottes Tun redet, von

---

34 H. Weder, Wunder Jesu und Wundergeschichten, in: VuF 29, 1983, (25–49) 49.

ihm als Wunder reden, das contra naturam geschieht; er muß sagen, daß er, indem er von einem Wunder redet, den Gedanken der gesetzmäßigen Natur aufhebt.[35]

Die Deutung eines erstaunlichen Ereignisses als Wunder, eine „Erfahrung mit der Erfahrung", setzt das Vorverständnis des Glaubens voraus, auch dann, wenn ein Widerfahrnis (den Glauben und entsprechend) diese Deutung aus sich heraus freisetzt.[36] Gleich aber, ob „das staunende Entdecken von Sinn"[37] als gottbezogene Erfahrung, als Wunder also, gedeutet wird, oder als Gotteserfahrung diese Deutung freisetzt: solche „Erfahrung mit der Erfahrung" entzieht sich intersubjektiver Nachvollziehbarkeit.[38] Noch einmal mit *Bultmann*:

Ein solches Wunder wäre ja ein Ereignis, dessen Ursache nicht innerhalb der Geschichte läge. Während z.B. die alttestamentliche Geschichtserzählung vom handelnden Eingreifen Gottes in die Geschichte redet, kann die historische Wissenschaft nicht ein Handeln Gottes konstatieren, sondern nimmt nur den Glauben an Gott und sein Handeln wahr. Als historische Wissenschaft darf sie freilich nicht behaupten, daß solcher Glaube eine Illusion sei, und daß es kein Handeln

35 R. Bultmann, Zur Frage des Wunders (1950), in: ders., Glauben und Verstehen. Gesammelte Aufsätze I, Tübingen [5]1964, (214–228) 225.
36 Vgl. B. Schröder, Erfahrung mit der Erfahrung – Schlüsselbegriff erfahrungsbezogener Religionspädagogik?, in: ZThK 95, 1998, (277–294), 292f; hierin stimmen E. Jüngel und G. Ebeling überein.
37 D. Lange, Erfahrung und die Glaubwürdigkeit des Glaubens. Hermeneutische Untersuchungen zur Theologie 18, Tübingen 1984, 82.
38 B. Schröder, 292, stellt fest, dass die Unmöglichkeit intersubjektiver Überprüfbarkeit (Schröder: die Unverfügbarkeit und die Vorausgesetztheit des Glaubens) „[...] ein unübersehbares Fragezeichen hinter die Absicht [setzt], der Formel Erfahrung mit der Erfahrung einen zentralen Platz in erfahrungsbezogenen religionsdidaktischen Konzeptionen zuzuweisen, sofern diese gerade verfügbare Handlungsspielräume ausloten wollen und sich mit einer wachsenden Zahl derjenigen Menschen konfrontiert sehen, die einer ,Hermeneutik des noch nicht vorhandenen Einverständnisses' mit christlichem Glauben und entsprechender didaktischer Vorgehensweisen bedürfen." Die zweifellos richtige Überlegung Schröders darf freilich nicht dazu führen, die „Erfahrung mit der Erfahrung" grundsätzlich ausblenden zu wollen; sie zu thematisieren, bedarf vielmehr einer intersubjektiv nachvollziehbaren Grundlage, die die lebensstilorientierte Bibelerschließung bieten soll.

Gottes in der Geschichte gäbe. Aber sie selbst kann das als Wissenschaft nicht wahrnehmen und damit rechnen; sie kann es nur jedermann freistellen, ob er in einem geschichtlichen Ereignis, das sie selbst aus seinen innergeschichtlichen Ursachen versteht, ein Handeln Gottes sehen will.[39]

Welche Folgerung ergibt sich nun für die lebensstilorientierte Bibelerschließung?

Die „Erfahrung mit der Erfahrung" als gottbezogene oder als Gotteserfahrung ist „eine ganz und gar innere und damit im Geheimnis des Gottesverhältnisses des einzelnen verborgene Erfahrung."[40] Sie entzieht sich psychodynamischer Decodierbarkeit. Die lebensstilorientierte Bibelerschließung ist daher auf die „Erfahrung mit der Erfahrung" nicht anzuwenden – allerdings wird sie allgemein zugänglich im Rückblick der biblischen Menschen auf ihr einstiges Erleben und Verhalten und im Ausblick auf ihr zukünftiges.

39 R. Bultmann, Frage, 145.
40 D. Lange, 91.

V. Beispiele

1. Simon aus Galiläa
(Der vorösterliche Petrus)

1.1. Hinführung

Der Bonner Theologe *Friedrich Sieffert* unternimmt in einem 1904 in der „Realenzyklopädie für protestantische Theologie und Kirche" veröffentlichten Artikel[1] den Versuch, die „Charakteranlage" und die „[Charakter]entwicklung" des Petrus darzustellen (189–194). *Siefferts* Ziel ist es, die Sonderstellung des Petrus innerhalb des Apostelkreises psychologisch zu begründen (188). Die stets gesehene Ambivalenz des markinischen Petrusbildes,[2] das den vorösterlichen Petrus zeigt, dient *Sieffert* als Hintergrund seiner eigenen Zeichnung:

Seiner besonderen Naturanlage nach erscheint P[etrus] als ein scharf ausgeprägter Typus des galiläischen Volkes, das wir als ein wohlgesinntes und zutrauliches (Joseph. vita 16), freiheitsliebendes und todesmutiges (Joseph. b. jud. 3,3,2), aber auch fremden Einflüssen zugängliches, neuerungssüchtiges (Joseph. vita 17) und launenhaft veränderliches (Mt 11,7ff.16ff) kennen. Ganz ähnlich verbindet sich auch bei P[etrus] mit seiner Geneigtheit zu festem Vertrauen und mit seinem unerschrockenen Mut eine wohl einmal bis zur Unzuverlässigkeit fortgehende Veränderlichkeit und Unbeständigkeit. Den Grund derselben bildet [...] die Elastizität einer sanguinischen Natur, die sich in ihrem gesamten geistigen Leben besonders leicht von den Einflüssen der Außenwelt bestimmen läßt und daher nicht nur bald gemütlich affiziert wird und sich zum Handeln entschließt, sondern auch schnell bis zu einem gewissen Grade aufzufassen weiß, die aber

---

1 F. Sieffert, Art. Petrus, RE[3] 15, Leipzig 1904, 186–212 (Nachweise werden im Text gegeben).
2 Vgl. zuletzt P. Lampe, Art. Petrus, RGG[4] 6, Tübingen 2003, Sp. 1160–1165 (Sp. 1161).

die Eindrücke nicht entsprechend festhält, sondern sich von neuen Einwirkungen leicht auch in eine andere Richtung führen läßt und somit nicht immer die volle Konsequenz des Denkens und Handelns zeigt. (189f)

Die herausragende Stellung des Petrus erkläre sich

[...] vollkommen daraus, daß Jesus gerade im Gegensatz gegen eine oberflächliche Beurteilung des Mannes mit seinem in die Tiefe dringenden Blick unter dem Flugsand einer nur allzu großen geistigen Beweglichkeit das harte, feste Gestein eines treuen Herzens erkannte, auf das man wohl zu bauen vermöge, und das in steigendem Maße die Überwindung der natürlichen Unbeständigkeit und die Befestigung der entschlossenen Energie hoffen ließ, wenn es nur einmal einen für das Leben entscheidenden Impuls erhalten hatte. (190)

Sieffert beruft sich wesentlich auf zwei Petrusszenen:

- Zum Messiasbekenntnis (Mk 8,27–33) bemerkt *Sieffert:* „Daß P[etrus] auch hier als der erste das Wort ergriff, um in bewußtem Gegensatz gegen die schwankenden Meinungen des Volkes seinen unerschütterlichen Glauben ohne Zögern und Bedenken zu vollem Ausdruck zu bringen, das war seine eigenste That, durch welche er sich als einen Mann von Festigkeit [...], als einen Felsenmann bewährt hatte" (191).
- In der Verleugnungserzählung (Mk 14,54.66–72) sieht er das für den Charakter des Petrus so bezeichnende Schwanken „[...] zwischen einer rasch entschlossenen, ja vorschnellen und die eigene Kraft überschätzenden Kühnheit und einer Schwäche [...]" am stärksten hervortreten (190).

Eine erste Kritik: Mit *Oskar Cullmann* ist zunächst sicher festzustellen, dass die von *Sieffert* angeführten Quellen die These einer psychologischen Begründbarkeit der Sonderstellung des Petrus nicht stützen können.[3]

---

3 O. Cullmann, Petrus. Jünger – Apostel – Märtyrer. Das historische und das theologische Petrusproblem, Zürich ³1985, 34. Nach Cullmann verbietet sich dann aber jedes weitere Fragen, „[...] warum Jesus ihn eher als einen anderen Jünger als ‚Felsen‘ ausgesondert hat. Nach unseren Quellen haben wir lediglich die Tatsache dieser Auszeichnung festzustellen."

Abb. 1: Hans Fronius, Der Verrat des Petrus, 1977,
Lithografie, 39×53 cm. © Christin Fronius.

Die Quellenlage ist sodann ungleich schlechter als bei Paulus, dessen eigene Aufzeichnungen vorliegen. Schriften aus der Feder des Petrus stehen nicht zur Verfügung.[4] „Die historische Gestalt", so *Christfried Böttrich*, „tritt hinter die verkündigte Figur des Evangelisten zurück [...]"[5]

Mit Hilfe der psychologischen Perspektive, die *Sieffert* einnimmt, versucht er immerhin, Petrus als Person im Sinne historischer Einmaligkeit in den Blick zu nehmen.[6] Der Versuch ist

---

4   Nach J. Blank, Neutestamentliche Petrus-Typologie und Petrusamt, in: Conc 9, 1973, (173–179) 174, ergebe eine kritische Sichtung der Petrus-Stellen, „[...] daß wir von Petrus nicht allzu viel wissen."

5   C. Böttrich, Petrus. Fischer, Fels und Funktionär, BG 2, Leipzig 2001, 23.

6   Vgl. noch E. Drewermann, Das Markusevangelium. Zweiter Teil: Mk 9,14 bis 16,20, Olten/Freiburg i.Br. [4]1991, 545–559; G. Lüdemann, Texte und Träume. Ein Gang durch das Markusevangelium in Auseinandersetzung mit Eugen Drewermann, BensH 71, Göttingen [2]1993, 258–260; ders., Die Auferstehung Jesu. Historie, Erfahrung, Theologie, Göttingen 1994, 118–128; ders., Psychologische Exegese oder: Die Bekehrung des Paulus und der Wandel des Petrus in tiefenpsychologischer Perspektive, in: F.W.

sinnvoll, auch wenn *Sieffert* nicht zugestanden werden kann, die „Charakteranlage" und die „Charakterentwicklung" des ersten Jüngers plausibel dargestellt zu haben.[7]

Wird die psychologische Perspektive jedoch von vornherein abgelehnt,[8] bleibt als Deutung der Ambivalenz des literarischen Petrusbildes nur der gerne gegebene, aber recht blasse Hinweis, Petrus stehe für die Ambivalenz *jedes* Jüngerseins zwischen Treue und Versagen.[9] D.h.: Petrus wird als Typus (stellvertretend für eine Gruppe) gedeutet.[10]

Die ökumenische Untersuchung amerikanischer Exegeten „Das Petrusbild in der Bibel" (1972/dt.: 1976) geht sogar soweit, das „gegensätzliche Petrusbild bei Markus" stellvertretend für eine Erörterung, Petrus damit geradezu als fiktive Figur anzusehen:

Wenn [..] Petrus der Typus eines Jüngers ist, dann kann er, da alle Jünger Jesu auch als Musterbeispiele für die Leser des Evangeliums dienen sollen, allen Christen als Musterbeispiel par excellence *bezüglich der Forderungen, die die Jüngerschaft an sie stellt,* dienen.[11]

Die Person verschwindet in dieser Perspektive ganz aus dem Bild.

Horn (Hg.), Bilanz und Perspektiven gegenwärtiger Auslegung des Neuen Testaments. Symposium zum 65. Geburtstag von Georg Strecker, BZNW 75, Berlin/New York 1995, 91–111.

7 Vgl. Drewermanns Kritik an der Vermutung, Petrus sei ein Sanguiniker: 548.

8 R. Pesch, Simon-Petrus. Geschichte und geschichtliche Bedeutung des ersten Jüngers Jesu Christi, Päpste und Papsttum 15, Stuttgart 1980, 4 Anm. 2, warnt mit Blick auf den Versuch J. Murtaghs, Animus und Anima in St. Peter and St. John, in: IThQ 37, 1970, 65–70, vor weiteren psychologischen Petrus-Interpretationen: man dürfe „den Informationswert der Quellen [..] nicht mehr naiv überschätzen".

9 P. Lampe, Sp. 1161.

10 Vgl. R. Pesch, Simon-Petrus, 45: „[…] für die urkirchliche Überlieferung ist [Petrus] der Typus des Jüngers schlechthin geworden: feuriger Glaubenseiferer, entschiedenes Behaupten der eigenen äußersten Entschlossenheit, und doch ‚menschliches Denken', Versagen in der akuten Gefahr, aber auch dies noch einmal getragen durch die in der Erinnerung ermöglichte reuige Umkehr."

11 R.E. Brown/K.P. Dornfried/J. Reumann (Hg.), Der Petrus der Bibel. Eine ökumenische Untersuchung, Stuttgart 1976, 59 (kursiv durch M.G.).

Ein neuer Versuch einer Sicht auf Petrus als Person im Sinne historischer Einmaligkeit (und nicht in einer Stellvertreterfunktion) scheint lohnend zu sein. Geht man (als Arbeitshypothese) davon aus, dass das früheste literarische Petrusbild, von dem die späteren Bilder mehr oder minder abhängen, *nicht* den Typus eines Jüngers zeigt, steht man vor der Frage, ob das Markusevangelium überhaupt eine Figur, die innere Zerrissenheit kennzeichnet, abbildet. Schwankt der markinische Petrus tatsächlich zwischen Treue und Versagen, zwischen Festigkeit und Schwäche? Oder kann die Mehrdeutigkeit seines Erlebens und Verhaltens doch als eine einmalige, einheitliche und zielgerichtete Dynamik beschrieben werden? Und schließlich: Lässt sich hinter der verkündigten Figur des Evangelisten der historische Mensch Simon aus Galiläa erkennen?

1.2. Biblisch-theologische Erschließung

Simon/Petrus erscheint im Markusevangelium in 15 Szenen (1,16–20; 1,29–31; 1,35–39; 3,13–19; 5,35–43; 8,27–30; 8,31–33; 9,2–8; 10,28–31; 11,20–25; 13,3–37; 14,26–31; 14,32–42; 14,54.66–72; 16,1–8). *Peter Dschulnigg* weist darauf hin, dass sich von den 15 Szenen dreimal drei in einer Trilogie nahe stehen: am Anfang 1,16–39, in der Mitte 8,27–9,8 und am Ende 14,26–72. Die übrigen sechs Szenen stehen je für sich.[12]

Um die folgenden Überlegungen nicht von vornherein mit der Aufgabe der Deutung einer Ambivalenz zu belasten, soll die Tradition vom Messiasbekenntnis (Mk 8,27–33) zunächst ausgespart und erst in einem zweiten Schritt herangezogen werden. Daher zuerst ein genauerer Blick auf die dritte Trilogie, die folgende Petrusszenen verbindet:

– 14,26–31: die Ansage der Verleugnung und das Treueversprechen
– 14,32–42: die Szene im Garten Gethsemane
– 14,54.66–72: die Verleugnung

---

12 P. Dschulnigg, Petrus im Neuen Testament, Stuttgart 1996, 27.

Die eigentliche Verleugnungserzählung (14,54.66–72) bereitet den Exegeten erhebliche Schwierigkeiten.[13] Lief sie als selbständige Tradition um?[14] War sie Bestandteil eines älteren Passionsberichts?[15] Schreibt sie allein Jesu Ansage der Verleugnung (14,30) fort?[16] Ist die Verleugnung Legende[17] oder Geschichte[18]? Und vor allem: Was waren die ursprüngliche Bestimmung und die praktische Verwendung, der „Sitz im Leben" der Verleugnungserzählung?[19]

13 Lit.: D. Gewalt, Die Verleugnung des Petrus, in: LingBibl 43, 1978, 113–144; J. Gnilka, Das Evangelium nach Markus. 2. Teilband. Mk 8,27–16,20, EKK II/2, Neukirchen-Vluyn (1979) ³1989, z.St.; G. Klein, Die Verleugnung des Petrus. Eine traditionsgeschichtliche Untersuchung (1961), in: ders., Rekonstruktion und Interpretation, München 1969, 49–98; E. Linnemann, Die Verleugnung des Petrus (1966), (überarbeitete Fassung) in: dies., Studien zur Passionsgeschichte, FRLANT 102, Göttingen 1970, 70–108; D. Lührmann, Das Markusevangelium, HNT 3, Tübingen 1987; R. Pesch, Die Verleugnung des Petrus. Eine Studie zu Mk 14,54.66–72 (und Mk 14,26– 31), in: Neues Testament und Kirche (FS Rudolf Schnackenburg), Freiburg/Basel/Wien 1974, 42–62; ders., Das Markusevangelium. II. Teil. Kommentar zu Kap. 8,27–16,20, HThK II, Freiburg/Basel/Wien (1977) ⁴1991, z.St.; W. Schmithals, Das Evangelium nach Markus. Kapitel 9,2–16, ÖTK 2/2, Gütersloh 1979, z.St.; E. Schweizer, Das Evangelium nach Markus, NTD 1, Göttingen (1983) ¹⁸1998, z.St.

14 So R. Bultmann, Die Geschichte der synoptischen Tradition, FRLANT 12, Göttingen ⁹1979, 301; M. Dibelius, Die Formgeschichte des Evangeliums, Tübingen ⁶1970, 215f; G. Klein, 296; G. Lüdemann, Auferstehung, 121.

15 So R. Pesch, Markusevangelium, 446; D. Lührmann, 253.

16 So Linnemann, 85, die dann freilich 14,30 als älteres und von 14,54.66–72 unabhängiges Traditionsstück voraussetzt.

17 So R. Bultmann, Geschichte, 290: „Die Petrus-Geschichte selbst ist legendarisch und literarisch."

18 So vor allem M. Dibelius, 217, der vermutet, die Erzählung sei auf eine Selbstaussage des Petrus zurückzuführen.

19 Spiegelt die dreifache Verleugnung die Positionswechsel wider, die Petrus in seiner Laufbahn vollzogen hat (Mitglied der Zwölf, Mitglied der Apostel, Mitglied der Jerusalemer „Säulen", hervorragender Einzelgänger)? Musste die „[…] taktische Behendigkeit, die es Petrus offenbar ermöglichte, sich […] geschmeidig jeder Veränderung der Machtkonstellationen anzupassen, […] grimmiges Ressentiment in solchen Kreisen wecken [..], die gegen ihn eingestellt waren?" (G. Klein, 324). Ist „[d]ie Verleugnung des Petrus [..] die – literarische – Konkretisierung des allgemeinen Jüngerversagens?" (E. Linnemann, 93). Hat die Erzählung somit „paränetisches Interesse" (a.a.O. 85)? Geht es „[…] christologisch um die Vergewisserung, wer Jesus war, und paränetisch um die aktuelle Situation der Christen (13,35)" (D. Lührmann, 253)?

Mk 14,54.66–72:

(54) Petrus aber folgte ihm nach von ferne, bis hinein in den Palast des Hohenpriesters, und saß da bei den Knechten und wärmte sich am Feuer.

(66) Und Petrus war unten im Hof. Da kam eine von den Mägden des Hohenpriesters; (67) und als sie Petrus sah, wie er sich wärmte, schaute sie ihn an und sprach: „Und du warst auch mit dem Jesus von Nazareth." (68) Er leugnete aber und sprach: „Ich weiß nicht und verstehe nicht, was du sagst." Und er ging hinaus in den Vorhof, und der Hahn krähte.

(69) Und die Magd sah ihn und fing abermals an, denen zu sagen, die dabeistanden: „Das ist einer von denen." (70) Und er leugnete abermals.

Und nach einer kleinen Weile sprachen die, die dabeistanden, abermals zu Petrus: „Wahrhaftig, du bist einer von denen; denn du bist auch ein Galiläer." (71) Er aber fing an, sich zu verfluchen und zu schwören: Ich kenne den Menschen nicht, von dem ihr redet.

(72) Und alsbald krähte der Hahn zum zweiten Mal. Da gedachte Petrus an das Wort, das Jesus zu ihm gesagt hatte: „Ehe der Hahn zweimal kräht, wirst du mich dreimal verleugnen." Und er fing an zu weinen.

Die sicher unabhängig von der Passionsgeschichte[20] umlaufende Erzählung von der Verleugnung des Petrus (V. 54.66–72) ist vom Verfasser des Markusevangeliums mit der Erzählung von der Verhandlung über Jesus vor dem Hohen Rat (V. 53.55–65) verschachtelt worden:[21] V. 66f setzen die V. 54 begonnene Erzählung fort (vgl. die gleichen Ortsangaben und den Hinweis, Petrus wärmte sich). Der erste Teil der Weissagung Jesu (V. 27: die Schafe werden sich zerstreuen) ist durch die Jüngerflucht (V. 50) erfüllt worden, V. 27 setzt also V. 50 voraus; V. 54.66–72 zeigen nun, wie sich auch der zweite Teil, die Ansage der dreimaligen Verleugnung des Petrus (V. 30), erfüllt. Sehr wahrscheinlich wird ursprünglich nur von einer Verleugnung berichtet worden sein, doch ist anzunehmen, dass die Verdrei-

---

20 Gegen R. Pesch, Markusevangelium, 446.
21 Vgl. auch V. 22–30 in 3,20–35; V. 25–34 in 5,21–43; V. 16b–29 in 6,14–30; V. 15–29 in 11,12–25; V. 3–9 in 14,1–11; die Spuren markinischer Verknüpfungstätigkeit nennt Lüdemann, Auferstehung, 119.

fachung Markus bereits vorlag.[22] V. 30 ist dann der Vorlage entsprechend gestaltet worden. Zu fragen ist, ob die Vorlage allein auch die Treueversprechen (V. 29.31) erklärt (s. dazu u.).

Einzelanalysen

V. 54 ist vor dem Hintergrund der allgemeinen Jüngerflucht (V. 50) zu verstehen; zunächst verließ auch Petrus Jesus, nun aber folgt er ihm in großer Distanz („von ferne"; *Luther* übersetzte: „von weitem").

V. 66–68: Die Angabe, Petrus sei unten im Hof (V. 66a), bezieht sich auf V. 54 und lässt erkennen, dass Jesus zur gleichen Zeit oben in den Räumen des hohepriesterlichen Hauses ist. Das wärmende Feuer ist vor allem Lichtquelle – es ist Nacht (vgl. 15,1) – und ermöglicht die Identifizierung des Petrus als Begleiter des „Nazareners" (vgl. Apg 24,5) durch die Magd, die ihn anschaut und anspricht. Petrus distanziert sich deutlich von der Magd („weder weiß ich, noch verstehe ich" verbindet Verben gleicher Bedeutung im Sinne von „Ich will damit nichts zu tun haben!"). Er geht in den Vorhof hinaus und damit vom Haus der Verhandlung über Jesus weg. „Petrus weicht von der Magd, entfernt sich von Jesus, dem er nachgefolgt war (V. 54); die Distanzierung ist räumlich übersetzt."[23]

Der erste Hahnenschrei[24] markiert den zeitlichen Rahmen des folgenden Geschehens: Vor Anbruch des Morgens (vgl. 13,35) wird die Geschichte ihren Höhepunkt erreicht[25] und die Weissagung Jesu sich erfüllt haben.

---

22 Die Dreigliederung von 14,32–42 und 15,16–32 sowie die Dreizahl 8,31; 9,31; 10,32b–34 und in 15,6–16 werden dagegen eher auf markinische Redaktion zurückgehen.

23 R. Pesch, Markusevangelium, 449; vgl. J. Gnilka, 292: „Er tritt einen halben Rückzug an […]"

24 Die textkritische Unsicherheit hat hier keine weitere Bedeutung.

25 Genauer: in der „Zeit des Hahnenschreis", d.h. von Mitternacht bis 3 Uhr morgens. Ob, wie des öfteren vermutet wurde, in Jerusalem ein Verbot der Hühnerhaltung befolgt wurde, so dass dort kein Hahn war, der hätte krähen können, ist zu unsicher, um daraus Folgerungen für die Historizität des Hahnenschreis zu ziehen (vgl. dazu R. Pesch, Markusevangelium, 452 Anm. 22). Die entscheidende Vergleichsstelle ist Mk 13,35, und dort bezeichnet der Hahnenschrei eindeutig einen Zeitraum.

V. 69–70a: Die Magd (vielleicht dieselbe, die Petrus dann in den Vorhof gefolgt wäre; vgl. Mt 26,71: eine andere Magd; Lk 22,58: ein Mann) erneuert gegenüber den Dabeistehenden (nicht aber gegenüber Petrus!) ihre Aussage, dass sie Petrus als einen der Begleiter Jesu erkannt habe. Petrus wiederholt (gegenüber der Magd) das bereits Gesagte (iterativer Imperfekt).

V. 70b–71: Die Dabeistehenden sprechen Petrus „nach einer kleinen Weile" direkt an. Sie bekräftigen („wahrhaftig") und begründen („denn") die Aussage der Magd. Wahrscheinlich durch seinen galiläischen Dialekt (vgl. Mt 26,73; auch Apg 2,7) ist Petrus als zu dem „Galiläer" (vgl. Mt 26,61) gehörend erkannt worden.

Die Auslegung der Verfluchung (V. 71) bereitet Schwierigkeiten. *Rudolf Pesch* liest wohl richtig „eine durch Selbstverfluchung und Schwur bekräftigte Leugnung, die nun zur direkten Verleugnung Jesu wird". Die Selbstverfluchung für den Fall des Falschschwörens (nach dem Muster „Gott soll mich strafen, wenn ich nicht die Wahrheit sage"; vgl. 2Sam 3,9) beziehe sich auf die Bekräftigung der Aussage der Magd durch die Dabeistehenden.[26] Petrus formuliere sich distanzierend.[27]

Mit dem zweiten Hahnenschrei sind Höhepunkt und Schluss der Verleugnungserzählung erreicht.

V. 72 stellt die Verbindung zu V. 30 her. Petrus (geht hinaus [vgl. Mt 27,75; Lk 22,62],) erinnert sich an Jesu Ansage seiner dreimaligen Verleugnung (wortgleich mit V. 30) und beginnt zu weinen[28].

1.3. Lebensstilorientierte Annäherung

1.3.1. Identifizierung der Ausdrucksformen

Die Zusammenstellung aller Ausdrucksformen des Petrus in der Verleugnungserzählung Mk 14,54.66–72, die nicht redaktioneller Absicht (hier: der Verschachtelung mit dem Kontext

---

26 R. Pesch, Markusevangelium, 450.
27 Ders., Verleugnung, 44.
28 Vgl. W. Schmithals, 655: „Die Tränen des Verleugners sind die Tränen der Einsicht. Vor wenigen Stunden noch gelobte er, mit Jesus sterben zu wollen. Jetzt kann er nur noch über sich und sein eigenes Elend weinen."

14,53.55–65) dienen, lässt eine Reihe von Distanz schaffenden Formen erkennen (im Folgenden kursiv):

– *Petrus* aber *folgte ihm nach von ferne*, bis hinein in den Palast des Hohenpriesters (V. 54): Distanz als räumliche und zeitliche Trennung
– *Er leugnete aber und sprach: „Ich weiß nicht und verstehe nicht, was du sagst"* (V. 68a): Distanz zur Aussage der Magd
– Und *er ging hinaus* in den Vorhof (V. 68b): Distanz als räumliche Trennung
– Und *er leugnete abermals* (V. 70a): Distanz zur Aussage der Magd, die eine zeitliche Trennung bewirkt (vgl. V. 70b: „nach einer kleinen Weile")
– *Er aber fing an, sich zu verfluchen und zu schwören: „Ich kenne den Menschen nicht, von dem ihr redet"* (V. 71): Distanz zur Aussage der Dabeistehenden
– *Da gedachte Petrus an das Wort, das Jesus zu ihm gesagt hatte: „Ehe der Hahn zweimal kräht, wirst du mich dreimal verleugnen." Und er fing an zu weinen* (V. 72): Distanz zum eigenen Treueschwur (Mk 14,31)

1.3.2. Identifizierung einer einheitlichen Dynamik

Die identifizierten Ausdrucksformen lassen eine einheitliche sich distanzierende Bewegung des Petrus erkennen.

Adler hat 1932 den Versuch unternommen, Umstände zu klassifizieren, die Menschen machen, wenn sie sich ihren Problemen nicht gewachsen fühlen, trotzdem aber vor sich und den anderen den Eindruck erwecken möchten, an der Problemlösung zu arbeiten.[29] Hierbei spielt die Distanz als der Versuch, eine räumliche oder zeitliche Trennung vorzunehmen, bzw. dem Problem eine andere Bedeutung zu geben und dadurch eine Trennung zu erwirken, eine besondere Rolle.

29 A. Adler, Die Systematik der Individualpsychologie, in: I. Z. Individualpsych. 10, 1932, 241–244, Nachdruck in: Psychotherapie und Erziehung. Ausgewählte Aufsätze II: 1930–1932, Frankfurt/M. 1982, 248–252.

Schon 1914 hat *Adler* im ersten Jahrgang der „Zeitschrift für Individualpsychologie" einen kurzen Aufsatz zur Distanz[30] veröffentlicht. Er schreibt:

Erkennt man aus Haltung und Kunstgriffen des Nervösen die Forderung nach einer überlegenen Fehlerlosigkeit, so wird man regelmäßig dadurch überrascht, daß er an einer bestimmten Stelle seiner Aggression von der erwarteten Richtung seines Handelns Abstand nimmt. Wir sind immer überrascht, daß der Patient mit Sicherheit daran geht, an dieser Stelle eine ‚Distanz' zwischen sich und die zu erwartende Tat oder Entscheidung zu legen. Zumeist spielt sich dort die ganze Störung wie ein Lampenfieber ab, das uns äußerlich als Symptom der neurotischen Erkrankung zu Gesicht kommt. Gleichzeitig mit dieser tendenziösen Distanz, die sich recht häufig in einer körperlichen Ausdrucksbewegung kundgibt, gestaltet der Kranke in einem hohen Grad von Spannung gegenüber den Gemeinschaftsproblemen seine Abschließung von der Welt und Wirklichkeit in verschieden hohem Grade.

In der individualpsychologischen Betrachtung kann „die Forderung nach einer überlegenen Fehlerlosigkeit", das bewusste Ziel, das ein Mensch verfolgt, als ein Mittel gesehen werden, mit dem er das fiktive, unbewusste Ziel, allein über den eigenen Wert zu verfügen, sichert. Die an sich selbst gestellte Forderung kann dabei das Produkt einer in der Biografie entstandenen übersteigerten Sorge um den eigenen Wert angesichts einer erlebten Mangellage sein.

Das fiktive Ziel bestimmt die Dynamik. Durch eine Strategie, die es mit Hilfe von Arrangements von Distanz nicht zu der erwarteten Tat oder Entscheidung kommen lässt, anders: Da überlegene Fehlerlosigkeit nicht bewiesen werden muss, gelingt es, die Forderung aufrecht zu erhalten und damit am Ziel festzuhalten. Die notwendige Verzögerung einer Tat oder Entscheidung wird durch die arrangierte Distanz legitimiert.

---

30 Ders., Problem; das folgende Zitat entstammt der leicht veränderten Fassung in: H.L. Ansbacher/R.R. Ansbacher, 221f.

Die unterschiedlichen Weisen, Distanz zu arrangieren – nach *Adler* ein „vierfacher Modus" der Distanz – werden von dem genannten Ziel der Selbstwertsicherung aus betrachtet verstehbar:[31]

– *Zweifel und ein gedankliches oder tätiges „Hin und Her"* sichern die Forderung nach überlegener Fehlerlosigkeit ab, indem sie die Distanz herstellen. Kennzeichnend ist der „Wenn-Satz": „Wenn ich ein bestimmtes Leiden nicht hätte, würde ich das Problem lösen." *Adler* schreibt: „In der Regel enthält der Wenn-Satz eine unerfüllbare Bedingung oder das Arrangement des Patienten, über dessen Änderung nur er allein verfügt" (117).

– *Stillstand:* „Es ist", so *Adler*, „als ob ein Hexenkreis um den Kranken gezogen wäre, der ihn hindert, näher an die Tatsache des Lebens heranzurücken, der Wahrheit ins Gesicht zu sehen, sich zu stellen, eine Prüfung oder Entscheidung über seinen Wert zuzulassen" (116). Kennzeichnend sind Arrangements, die der „Verhütung der Grenzüberschreitung" dienen, etwa: „Weil ich ein bestimmtes Leiden habe, kann ich mich mit dem Problem nicht beschäftigen."

– *Rückwärtsbewegung:* Die Hinderungslegitimation wird verstärkt und erlaubt es nun, jede von außen gerichtete Forderung sofort abzuwehren: „Ich leide!"

– *Konstruktion von Hindernissen:* Das eigene Urteil, unter Umständen das Urteil anderer, steht fest. Ist die Entscheidung negativ ausgefallen, können die von vornherein festgestellten Hinderungsgründe, das Problem zu lösen, und die Arrangements die grundsätzliche Unmöglichkeit der Problemlösung rückblickend belegen: „Ich hätte das Problem sowieso nicht lösen können."

Die Objektivierbarkeit der beschriebenen sich distanzierenden Bewegung sieht Adler nicht nur durch Fallbeispiele, sondern vor allem auch dadurch belegt, dass die von ihm bestimmten „Typen" Ähnlichkeiten mit Menschen der Mythen und der Dichtung ausweisen:

31 A. Adler, Praxis; hier in veränderter Reihenfolge, die jedoch der von Adler beschriebenen sich verstärkenden Distanzierungsbewegung entspricht. Nachweise werden im Text gegeben.

Sie alle sind Gebilde des menschlichen Seelenlebens und sind mit den gleichen Anschauungsformen und -mitteln gezeugt. Und sie haben sich gegenseitig beeinflußt. In der Lebenslinie aller dieser künstlerischen Menschen findet sich das Merkmal der ‚Distanz' wieder, am deutlichsten in der Figur des tragischen Helden [...]. Diese ‚Technik' ist sichtlich am Leben abgelauscht, und die Idee der ‚tragischen Schuld' weist in hellseherischer Intuition zugleich auf Aktivität und Passivität, auf ‚Arrangement' [...] hin. (119)

Es ist zu fragen, ob sich Ähnlichkeiten im markinischen Petrusbild erkennen lassen, oder – mit den Worten *Adlers* gesagt –, ob die Darstellung in gleicher Weise „am Leben abgelauscht" ist.

1.3.3. Hypothese zum Ziel

Lassen sich die Ausdrucksformen, die eine sich distanzierende Bewegung des Petrus zeigen, in einem zunächst nur als Hypothese zu formulierenden ganzheitlichen Bezugsrahmen, von einem angenommen Ziel aus betrachtet, verstehen? Als fiktives Ziel des Petrus sei – im Anschluss an *Adlers* Überlegungen zur Distanz – die alleinige Verfügung über seinen Wert vermutet.

Die Forderung nach einer überlegenen Fehlerlosigkeit zeigt sich im Treueversprechen des Petrus (Mk 14,29.31). Mit seiner Reaktion auf die Ansage Jesu vom allgemeinen Jüngerabfall, „Wenn auch alle Ärgernis nehmen, aber nicht ich." (V. 29), und seiner Bestreitung der angesagten Verleugnung, „Auch wenn ich mit dir sterben müsste, würde ich dich nicht verleugnen!" (V. 31), stellt sich Petrus über die anderen Jünger.[32] Er werde den anderen, ja sogar gegenüber der Ansage Jesu von seiner Verleugnung überlegen sein. Das Treueversprechen stellt eine Form der Unwahrheit dar.[33] *Adler* beschreibt die Lüge später als „die Ausdrucksform eines Schwächegefühls", als eine

---

32 In diese Richtung geht P. Dschulnigg, 22: „An dieser Stelle will sich Petrus in maßloser Selbstüberschätzung aus dem Abfall der Jünger herausheben, den Jesus ankündigt."

33 Vgl. E. Drewermann, 555: Das überschwängliche Treueversprechen als Antwort auf die Ansage der Verleugnung (V. 31), sei eine „verschleierte Form der Unwahrheit", hinter der die Macht der Angst stecke, „[...] die sich wie verzweifelt an einen Halt zu klammern sucht. Petrus klettert offenbar in den Behauptungen seiner Treue so hoch, weil er die Furcht vor dem

Kompensation, um nicht im Gefühl der Minderwertigkeit zu erscheinen, als der schwächere Teil, als derjenige, der den anderen zu fürchten hat und den anderen als stärker einschätzt."[34]

Welches Ereignis könnte ein Schwächegefühl des Petrus ausgelöst haben?

Zweifellos stellen die Ansagen Jesu vom allgemeinen Jüngerabfall (Mk 14,27) und von der Verleugnung (14,30) die Konsistenz und positive Wertung des Selbstwertes des ersten Jüngers in Frage; die Ansagen widersprechen der Fiktion alleiniger Verfügung. Deutlich stärker jedoch ist dies für die Zurückweisung des Messiasbekenntnisses durch das Satanswort Jesu zu vermuten.

Ein Blick auf Mk 8,27–33:[35]

(27) Und Jesus ging fort mit seinen Jüngern in die Dörfer bei Cäsarea Philippi. Und auf dem Wege fragte er seine Jünger und sprach zu ihnen: „Wer, sagen die Leute, dass ich sei?" (28) Sie antworteten ihm: „Einige sagen, du seist Johannes der Täufer; einige sagen, du seist Elia; andere, du seist einer der Propheten." (29) Und er fragte sie: „Ihr aber, wer, sagt ihr, dass ich sei?" Da antwortete Petrus und sprach zu ihm: „Du bist der Christus!" (30) Und er gebot ihnen, dass sie niemandem von ihm sagen sollten.

(31) Und er fing an, sie zu lehren: Der Menschensohn muss viel leiden und verworfen werden von den Ältesten und Hohenpriestern und Schriftgelehrten und getötet werden und nach drei Tagen auferstehen.

Verrat so heftig niederringen muß. Würde sein Ja zu Jesus aus einer in sich geschlossenen und gefestigten Haltung erwachsen, so wäre weder seine übertriebene Zusicherung noch später die Tiefe seines Falls verständlich. Petrus möchte offenbar für sich selbst um so energischer einstehen, als er den Augenblick möglicher Schwäche angstvoll fürchten muß."

34 A. Adler, Die Technik der Individualpsychologie. Zweiter Teil: Die Seele des schwer erziehbaren Schulkindes, München 1930, Nachdruck: Frankfurt/M. 1973, 38.

35 Vgl. z.St. neben den o., Anm. 13, genannten Kommentaren noch: E. Dinkler, Petrusbekenntnis und Satanswort. Das Problem der Messianität Jesu, in: Zeit und Geschichte (FS R. Bultmann), Tübingen 1964, 127–153; F. Hahn, Christologische Hoheitstitel. Ihre Geschichte im frühen Christentum, FRLANT 83, Göttingen [4]1974, 226–230; R. Pesch, Das Messiasbekenntnis des Petrus (Mk 8,27–30). Neuverhandlung einer alten Frage, in: BZ NF 17, 1973, 178–195; 18, 1974, 20–31.

(32) Und er redete das Wort frei und offen. Und Petrus nahm ihn beiseite und fing an, ihm zu wehren. (33) Er aber wandte sich um, sah seine Jünger an und bedrohte Petrus und sprach: „Geh weg von mir, Satan! Denn du meinst nicht, was göttlich, sondern was menschlich ist."

Die Scheidung von Redaktion und Tradition in den V. 27–33 ergibt, dass V. 33 ursprünglich direkt an V. 29 anschloss:[36]

V. 30 enthält das Motiv des Messiasgeheimnisses.[37]

V. 31 ist die erste der vom Verfasser des Markusevangeliums eingefügten Leidens- und Auferstehungsankündigungen (vgl. dann 9,31; 10,32b–34).

V. 32 hängt von V. 31 ab: Petrus widersetzt sich der Leidensankündigung, die Auferstehungsankündigung kann er nicht verstehen.

Die vormarkinische Tradition hatte somit folgenden Inhalt: Petrus bekennt „Du bist der Christus!" (V. 29) und verleiht damit seiner Erwartung Ausdruck, Jesus sei der politische Messias, der die nationale und religiöse Integrität Israels wiederherstellen würde.[38] Jesus weist diese Erwartung des Petrus entschieden zurück. Er dämonisiert Petrus: „Tritt hinter mich, Satan, denn du hast nicht Gottes Sache im Sinn, sondern des Menschen Sache!" (V. 33). Die Anrede „Satan" zeigt, dass Jesus seinen ersten Jünger in der Bekenntnisszene als Werkzeug des Teufels ansieht (vgl. 2Kor 1,13–15; Röm 16,17–20; Apg 13,8–11; IgnPhld 6,1f).[39] Der Nachfolgeruf „Tritt hinter mich!" (vgl.

36 So bereits E. Wendling, Die Entstehung des Markusevangeliums, Tübingen 1908, 115–120; dann Dinkler und Hahn.

37 Gegen R. Pesch, Markusevangelium, 183f (das Schweigegebot sci vormarkinisch); mit J. Gnilka, 10; Schweizer, 88; Lührmann, 143.

38 Vgl. Brown/Donfried/Reumann, 61. Anders R. Pesch, Markusevangelium, 33, der ein „prophetisch-messianisches Bekenntnis" liest und das Schweigegebot (V. 30) auf die politische Missdeutbarkeit bezieht, und Gnilka, 15, der feststellt: „Das Christusbekenntnis des Petrus läßt keinerlei politische Färbung erkennen, im Gegenteil, es trägt die Stilisierung des gültigen Bekenntnisses."

39 Vgl. J. Gnilka, 17: „Satan bezeichnet mehr als den Widersacher, der in vielen aufstehen kann. Er meint den, der die Wahrheit verdreht und die Lüge redet." Gegen R. Pesch, Markusevangelium, 54. Dass Jesus den Satan vom Himmel stürzen sah (Lk 10,18), bedeutete nicht, dass ihm schon seine „nachstellende und versucherische Gefährlichkeit" genommen war (H. Schürmann, Das Lukasevangelium. Zweiter Teil. Erste Folge: Kommentar zu Kapitel 9,51–11,54, HThK III, Freiburg/Basel/Wien 1994, 90).

8,34b) weist aus nachösterlicher (!) Perspektive einen Ausweg aus der Kontroverse und mildert das Satanswort damit ab[40] (vgl. dagegen Mk 3,27; Lk 11,21f).

Zurück zur lebensstilorientierten Annäherung.

Petrus muss die Dämonisierung als Mangellage erleben – er ist nicht länger der engste Vertraute Jesu, mehr noch wird Weg und Ziel des ersten Jüngers als Werk des Teufels bestimmt.

Petrus versucht, den Mangel auf die für ihn charakteristische Weise zu überwinden. Fehlerlosigkeit ist die Forderung, die er mit dem Treueversprechen an sich stellt. Doch muss er, sobald eine Tat oder Entscheidung ansteht – ein Bekenntnis zu Jesus als dem Christus, das von ihm öffentlich gefordert würde (vgl. Mk 14,61) –, von der zu erwartenden Richtung seines Handelns Abstand nehmen. Die Aufrechterhaltung der Forderung und damit seines Ziels, allein über seinen Wert zu verfügen, gelingt Petrus nur durch die Arrangements von Distanz. Er fühlt sich seinem Problem nicht gewachsen, muss aber vor sich und den anderen den Eindruck erwecken, an der Problemlösung zu arbeiten.

1.3.4. Lebensstilorientierte Deutung der Ausdrucksformen

Welche Arrangements lassen sich identifizieren und von dem genannten Ziel aus betrachtet verstehen?

Zweifel und ein gedankliches oder tätiges „Hin und Her"

Die Szene, in der Petrus zunächst in Erscheinung tritt (V. 54), veranschaulicht den als für ein Arrangement der Distanz charakteristisch erkannten „Wenn-Satz". Indem Petrus Jesus folgt, kann er sein Treueversprechen aufrechterhalten. Er ist den anderen, geflohenen Jüngern überlegen. Der Abstand aber (er folgte ihm nach von ferne) ist räumlicher Ausdruck des Arrangements der Distanz: Wenn nicht der Abstand zwischen beiden wäre, würde Petrus – so das Arrangement – ganz bei Jesus, dem Christus, sein können.

---

40 C. Böttrich, 107, formuliert entsprechend zu harmlos: „[...] Petrus, der wie ein Wahlkampfstratege seine eigenen Planungen vorzutragen schien, wird wieder in die Spur zurückgeholt, in die er sich bei seiner Berufung begeben hatte."

Stillstand

Konfrontiert mit der Aussage der Magd, er sei ein Begleiter des „Nazareners", versucht Petrus, einen Stillstand des Geschehens zu erwirken. Der eigene Wert ist in höchster Gefahr, so dass es zu einer Entscheidung über den Wert nicht kommen darf. Petrus konstruiert Distanz zur Aussage der Magd und damit zu der Aufgabe der Treue Jesus gegenüber (V. 68a): Weil er weder wisse, noch verstehe, was die Magd sagt, könne er ihr auch nicht antworten.

Das Hinausgehen in den Vorhof und damit vom Haus der Verhandlung über Jesus weg (V. 68b) ist wiederum räumlicher Ausdruck der Distanz. Doch kommt es zu dem erwünschten Stillstand zunächst nicht. Das Insistieren der Magd (V. 69) hebt die Distanz auf. Das zweite Leugnen (V. 70a) ist dann erfolgreicher: Etwas Zeit verstreicht („eine kleine Weile"); eine kurze zeitliche Trennung wird erreicht, in der keine Entscheidung über Petrus ansteht (V. 70b).

Rückwärtsbewegung

Die Bekräftigung und Begründung der Aussage der Magd durch die Dabeistehenden (V. 70b) erlauben es Petrus nicht, die Sicherungsstrategie im Modus des Stillstands fortzusetzen. Durch die Selbstverfluchung und den Schwur beruft sich Petrus auf Gott als Zeugen. Das Problem, das an ihn herangetragen wird, gebe es gar nicht: Er kenne diesen Menschen nicht, von dem sie reden. Damit bestreitet er die Notwendigkeit einer Problemlösung. Die Verleugnung vermag nun zwar, die Selbstwerterhaltung gegenüber den Dabeistehenden zu sichern (V. 71), doch mit der dramatischen Rückwärtsbewegung in die größtmögliche Distanz des Falschschwurs wird Petrus in seine Ausgangslage (Mk 8,33) zurückgeworfen.

Konstruktion von Hindernissen

Die anfangs noch mit Erfolg verhinderte Entscheidung über seinen Wert ist, so muss das eigene Urteil des Petrus lauten, gegen ihn ausgefallen. Indem er sich an die Weissagung Jesu erinnert („Da erinnerte sich Petrus an das Wort, wie Jesus zu ihm gesagt hatte [...]"; V. 72), kann er sich zwar noch auf die

Unausweichlichkeit des angesagten Versagens berufen: Er hätte das Problem ja sowieso nicht lösen können. Aber diese Hilfskonstruktion ändert nichts mehr am Verlust des Selbstwertes, der in seinem (Weggehen und) Weinen Ausdruck findet.[41]

1.3.5. Fazit

In dem als Hypothese formulierten ganzheitlichen Bezugsrahmen, von dem genannten Ziel aus betrachtet, wird das Erleben und Verhalten des markinischen Petrus verstehbar. Die einzelnen Ausdrucksformen werden als Teile eines Ganzen *zum einen* erfassbar, *zum anderen* stützen sie in ihrer Gesamtheit die aufgestellte Hypothese.

Noch einmal zum Anfang der Überlegungen.

Aus individualpsychologischer Perspektive gesehen, bestätigt sich der Eindruck nicht, das Markusevangelium biete ein ambivalentes Petrusbild. Vielmehr zeigt sich die einmalige, einheitliche und zielgerichtete Dynamik des markinischen Petrus. Sein fiktives Ziel ist die alleinige Verfügung über den eigenen Wert. Die enge Vertrautheit mit Jesus, die in seinem Bekenntnis zum politischen Messias (Mk 8,29) ihren stärksten Ausdruck findet, erlaubt ihm, solange an seinem Ziel festzuhalten, bis es durch Jesu Satanswort (8,33) entschieden zurückgewiesen wird. Petrus erlebt sich in einer Mangellage, die er durch die an sich selbst gerichtete Forderung nach überlegener Fehlerlosigkeit (im Treueversprechen [14,29.31]) zu kompensieren versucht. Diese Forderung – und damit die Fiktion der alleinigen Verfügung über seinen Wert – kann er jedoch nur durch die Strategie, Distanz zu arrangieren, aufrecht erhalten. Zu der zu erwartenden Tat oder Entscheidung, einem von ihm coram publico geforderten Bekenntnis, darf es nicht kommen. Die Dynamik des Petrus ist gradlinig auf sein Ziel hin ausgerichtet; er schwankt an keiner Stelle!

Die Strategie der Distanz kennzeichnet seinen Lebensstil. Die größtmögliche Distanz des Falschschwurs wirft ihn jedoch am Schluss wieder in seine Ausgangslage, die Dämonisierung durch Jesus, zurück und führt, da ihm weder eine weitere Kom-

---

41 Vgl. R. Pesch, Verleugnung, 45: „Das Bild, das Petrus sich von sich selbst machte, mußte zerbrechen […]"

pensationsstrategie, noch die Möglichkeit einer Lebensstilkorrektur (es ist vorösterliche Zeit!) zur Verfügung steht, zum Verlust seines Selbstwertes (14,72).

Das markinische Bild zeigt Petrus als Person im Sinne historischer Einmaligkeit (und nicht in einer Stellvertreterfunktion), die eine Mangellage auf die für sie charakteristische Weise zu überwinden sucht. Petrus ist im Markusevangelium nicht Typus, sondern ein Beispiel, an dem die Fiktion alleiniger Verfügung über den eigenen Wert entlarvt wird. Die genaue Zeichnung des Petrus wird dann freilich in den nachösterlichen Deutungsrahmen der Leidensnachfolge gestellt: „Wenn jemand hinter mir kommen will, verleugne er sich selbst und nehme sein Kreuz auf sich und folge mir nach" (Mk 8,34b).

Simon aus Galiläa

Es bleibt zu fragen, ob das herausgearbeitete Petrusbild historisch wertvoll ist. Die Antwort hängt von der Beurteilung des historischen Wertes der für das Bild zentralen Traditionen vom Messiasbekenntnis und von der Verleugnung ab.

Die Historizität des Petrusbekenntnisses zum politischen Messias und des sofort folgenden Satanswortes Jesu sollte nicht bestritten werden.[42] Die Dämonisierung des angesehenen Jüngers lässt sich nicht aus der Gemeinde ableiten;[43] das Satanswort ist „zu scharf [..], um nicht authentisch zu sein."[44] Historisch ist es dann aber kaum anders als in einer tiefgehenden Kontroverse zu verorten. Die Messiaserwartung des Petrus konnte eine solche Kontroverse ausgelöst haben.

42 Gegen R. Bultmann, Geschichte, 276f, der 8,30–33 für markinische Bildungen hält, und R. Pesch, Markusevangelium, 41: „Mk 8,31–33 ist eine konstruierte Erzählung belehrenden Charakters, die sich nicht auf ein entsprechendes Ereignis der vita Jesu und Petri zurückführen läßt." J. Gnilka, 18, verortet das Bekenntnis im Glauben der nachösterlichen palästinischen Gemeinde, die Petrusschelte sei im Leben des irdischen Jesus zu plazieren: „Sollte sie und ein vorhergehender Einspruch des Jüngers anläßlich des Entschlusses Jesu, in einer kritischen Lage (zum letzten Mal) nach Jerusalem zu ziehen, erfolgt sein?" Hier mit Dinkler, Hahn, Schweizer, 91; Dschulnigg, 17 Anm. 35.
43 Vgl. J. Gnilka, 13: „Es wäre niemandem eingefallen, den angesehenen Jünger mit der Schelte, er sei ein Satan, zu belegen."
44 G. Lüdemann, Jesus nach 2000 Jahren. Was er wirklich sagte und tat, Springe ²2004, 140.

Die Historizität der Verleugnung des Petrus kann ebenso wenig bestritten werden,[45] da allein historische Faktizität als Voraussetzung der Überlieferung zu bestimmen ist.[46] Die Verleugnungserzählung wird in ihrem Kern wahrscheinlich, wie *Martin Dibelius* vermutet hat, auf Petrus selbst zurückgehen.[47] Sie stellt den Rückblick auf sein einstiges Erleben und Verhalten ante Christum dar.[48] Die Erzählung lief als eigenständige Tradition um und fand Aufnahme in die markinische Passionsgeschichte, da die herausragende Rolle des Apostels Petrus in der Urgemeinde feststand (Zu *Siefferts* Leitfrage: Allein von der urgemeindlichen Rolle des Petrus lässt sich auch die herausragende Rolle des ersten Jüngers in den literarischen Bildern erklären!). Petrus war als Auferstehungszeuge (1 Kor 15,3; Lk 24,34; vgl. Mk 16,7) und Initiator der urchristlichen Verkündigung also – mit *Rudolf Pesch* gesagt – „belastbar".[49]

Die Ereignisse, die die Traditionen widerspiegeln, waren historisch eng miteinander verbunden. Nach der Kontroverse um das Messiasbekenntnis, in der das Satanswort fiel, musste ein wie auch immer formuliertes Treueversprechen folgen, bevor es zu einer Verleugnung kommen konnte. Auch das Treueversprechen (Mk 14,29.31) hat also einen historischen Kern. Hätte Jesus an seiner Dämonisierung festgehalten, anders: hätte Petrus nicht die Initiative ergriffen, die Kontroverse zu glätten, wäre er wohl kaum in eine zweite Bekenntnissituation gekommen.

Die bisher erreichten Ergebnisse seien noch einmal in Erinnerung gerufen:

Der Eindruck einer Ambivalenz des markinischen Petrusbildes entsteht, wenn die Szenen vom Messiasbekenntnis (8,27–33) und vom Treueversprechen 14,29.31) auf der einen Seite

---

45 Gegen Bultmann, Geschichte; Klein und Linnemann.

46 So richtig R. Pesch, Markusevangelium, 452.

47 M. Dibelius, 217.

48 Vgl. G. Lüdemann, Texte, 259: „M.E. empfiehlt sich [..] im Anschluß an Dibelius die Annahme, von der Verleugnung Petri sei im Zusammenhang seiner Ostererfahrung berichtet worden – ich würde ergänzen – ähnlich, wie über Paulus erzählt wurde, er habe einst die Kirche verfolgt, predige nun aber das Evangelium (Gal 1,22)." Die richtig gesehene Parallelität dient Lüdemann dann jedoch als Grundlage einer spekulativen tiefenpsychologischen Auslegung der petrinischen Ostererfahrung; vgl. ders., Psychologische Exegese, 91–111.

49 R. Pesch, Markusevangelium, 452.

und von der Verleugnung (14,54.66–72) auf der anderen Seite gegeneinander gestellt werden. Sie bilden dann den unerschütterlich glaubenden Petrus und den schwachen Petrus ab (*Sieffert*). Betrachtet man die Szenen aus individualpsychologischer Perspektive in einem ganzheitlichen Bezugsrahmen, von einem angenommenen Ziel aus, ergibt sich ein anderes Bild. Der markinische Petrus zeigt nun eine einmalige, einheitliche und zielgerichtete Dynamik.

Die für das markinische Petrusbild zentralen Traditionen vom Messiasbekenntnis (und der Zurückweisung durch das Satanswort) und (vom Treueversprechen und) von der Verleugnung sind mit ausreichender Wahrscheinlichkeit *in ihrem Kern,* damit freilich noch nicht sogleich in den Einzelszenen der Darstellung, als historisch anzusehen. Letztere Bemerkung weist auf das Problem einer Übertragung des Petrusbildes auf den historischen Simon aus Galiläa: Sie kann schon aus dem genannten Grund nur die Form einer – letztlich nicht belegbaren – Hypothese haben. Allerdings verletzt die Aufstellung einer Hypothese zum Lebensstil des Simon nicht das Gebot historischer Vernunft, dort nicht zu spekulieren, wo die Quellen schweigen.[50]

Die Traditionen vom Messiasbekenntnis (und der Zurückweisung durch das Satanswort) und von der Verleugnung sind nicht nur für das markinische Petrusbild von zentraler Bedeutung, sie stützen es zugleich durch ihren historischen Wert. Weiterhin ist ein historischer Kern für das Treueversprechen anzunehmen. D.h., es ist legitim, die drei historischen Punkte Messiasbekenntnis/Satanswort, Treueverspechen und Verleugnung mit einer Linie zu verbinden. Eine Hypothese zum Lebensstil des Simon lässt sich nun (freilich kaum für mehr als für den Zeitraum, den die Punkte markieren) wie folgt formulieren: Eine übersteigerte Sorge um den eigenen Wert, die durch die Dämonisierung durch Jesus entstanden war, wurde zur Grundlage des Lebensstils des Simon. An dem fiktiven Ziel der alleinigen Verfügung über seinen Wert konnte er nur durch die Forderung nach überlegener Fehlerlosigkeit festhalten. Die Strategie der Distanz kennzeichnete seinen Lebensstil.

---

50 Als Antwort auf die Warnung R. Peschs, Simon-Petrus, 4 Anm. 2, vor weiteren psychologischen Petrus-Interpretationen gesagt.

Die Zeit vor dem Messiasbekenntnis bleibt dunkel, die Zeit nach der Verleugnung erhellt das österliche Licht.

1.3.6. Ausblick

Das Markusevangelium kündigt die Ostererfahrung des Petrus an (16,7). Der Auferstandene werde von den Jüngern und Petrus hingehen nach Galiläa; dort werden sie ihn sehen, wie er ihnen gesagt hat (vgl. 14,28). Die Erfahrung des Christus (1Kor 15,3; Lk 24,34) erwirkte bei dem ersten Jünger Jesu eine Lebensstilkorrektur. Die Fiktion alleiniger Verfügung über seinen Wert war mit der Verleugnung zusammengefallen, die Strategie der Distanz war obsolet geworden. Petrus initiierte die urchristliche Verkündigung und leitete – mit dem gewandelten Paulus einig (vgl. Gal 1,18; 2,9) – eine Zeit lang (Gal 2,9 zeigt den Führungswechsel) die urchristliche Kirche. Er wurde in der nachösterlichen Zeit, wie *Friedrich Sieffert* schreibt, der „Mann von Festigkeit", der „Felsenmann"[51] – oder, wie es der 1. Klemensbrief weiß, ein „tapferer Apostel" (5,3).[52]

1.4. Beziehung auf das eigene Leben

Der vorösterliche Petrus stellt die Frage nach den je eigenen Distanz schaffenden Ausdrucksformen.

– Gibt es Situationen, in denen ich mein Verhalten als Versuch erkenne, eine räumliche oder zeitliche Trennung vorzunehmen (Petrus folgte Jesus nach von ferne) oder einem Problem eine andere Bedeutung zu geben und dadurch eine Trennung zu erwirken (vgl. Mk 14,68 im Sinne von „Ich will mit der Sache nichts zu tun haben!")?
– Legitimieren meine Arrangements von Distanz die Verzögerung einer Tat oder Entscheidung? Fühle ich mich einem Problem nicht gewachsen, möchte aber doch vor mir und

---

51 F. Sieffert, 190.
52 Textausgabe: A. Lindemann/H. Paulsen (Hg.), Die Apostolischen Väter. Griechisch-deutsche Parallelausgabe auf der Grundlage der Ausgaben von F.X. Funk/K. Bilhmeyer und M. Whittaker, mit Übersetzungen von M. Dibelius und D.-A. Koch, Tübingen 1992.

anderen den Eindruck erwecken, an der Problemlösung zu arbeiten (Petrus schwor Jesus die Treue, auch wenn er mit ihm sterben müsste). Welche Forderungen stelle ich an mich? Welche konkreten Ziele verfolge ich?

– Wird meine Bewegung von einem fiktiven Ziel bestimmt? Kann ich mein Ziel im Spiegel des für Petrus angenommenen Zieles, allein über seinen Wert zu verfügen, erkennen?

– Bietet mir das Wort, das die Ostererfahrung des Petrus ankündigt – „ihr werdet ihn sehen, wie er euch gesagt hat" (Mk 16,7) – eine neue Perspektive?

2. Saulus aus Tarsus
(Der vorchristliche Paulus)

2.1. Hinführung

Der Zürcher Theologe und Psychologe *Oskar Pfister* hat in einem 1913 gehaltenen, immer wieder gerne zitierten[53] Vortrag versucht, die Entwicklung des Apostels Paulus mit Hilfe der psychoanalytischen Methodik nachzuzeichnen.[54] *Pfister* untersucht sowohl die jüdische (269–279) als auch die christliche Periode im Werdegang des Paulus (279–286). Die Frage, die *Pfisters* Überlegungen leitet, gilt dem – zum Sprichwort gewordenen – Wandel des tarsischen Juden vom „Saulus zum Paulus", vom Christenverfolger zum Christusverkündiger (vgl. Gal 1,23).

Die Hauptgedanken der *Pfisterschen* Abhandlung sind folgende:

– „Als [Paulus] in seinen Pubertätsjahren zum mosaischen Gebot bewußte Stellung nahm, verursachte dem bisher von Anfechtungen unberührten Knaben das zehnte Gebot und in ihm namentlich das

---

53 Vgl. zuletzt G. Lüdemann, Auferstehung, 111; ders., Ketzer. Die andere Seite des Christentums, Stuttgart 1995, 81.

54 O. Pfister, Die Entwicklung des Apostels Paulus. Eine religionsgeschichtliche und psychologische Skizze, in: Imago. Zeitschrift für Anwendung der Psychoanalyse auf die Geisteswissenschaften VI, 1920, 243–290 (Nachweise werden im Text gegeben); vgl. C.G. Jung, Die psychologischen Grundlagen des Geisterglaubens (1919), in: ders., Die Dynamik des Unbewußten, Gesammelte Werke VIII, Zürich 1967, 339–360.

Sexualverbot heftige innere Konflikte und Nöte, die zu schwersten Selbstanklagen und drückendstem Schuldgefühl, ja zu einer Religion der Angst oder angstneurotischen Frömmigkeit führten" (288).

– „Die Sehnsucht nach Erlösung aus diesem Angstzustand führte Paulus nach Jerusalem, wo unter dem Einfluß der Gesetzesreligion die Frömmigkeit zwangsneurotischen Charakter annahm [..]" (ebd.).

– „Indem Paulus die Christen verfolgte, wollte er nicht nur seine religiösen Zwangssymptome […] schützen, sondern auch dem durch die Konflikte mit dem ,Gesetz in den Gliedern' hervorgerufenen, direkt nicht zu überwindenden Gefühl der Minderwertigkeit vor Gott und sich selbst eine überkompensatorische Leistung gegenüberstellen" (288f).

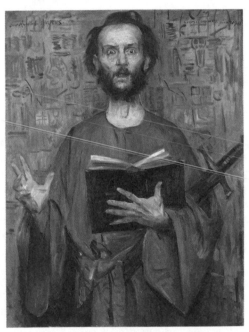

Abb. 2: Lovis Corinth, Der Apostel Paulus, Öl auf Leinwand, 120×90 cm, 1911, Kunsthalle Mannheim; © Kunsthalle Mannheim; Foto: Margita Wickenhäuser.

– „Dabei aber geriet er in Zwiespalt mit den gesund gebliebenen Forderungen seines Gemütes, die zugleich durch Vorschriften des von ihm als Notanker verwerteten Gesetzes und der Propheten unterstützt wurden: Die Christenverfolgungen verletzten seine Menschenliebe und Barmherzigkeit; die hohen ethischen und religiösen Eigenschaften seiner Opfer erregten Gewissensbedenken, zu deren Überwindung ein immer stärkerer Verdrängungsaufwand nötig wurde, bis endlich ein maximaler Spannungsgrad erreicht war" (289).

– „In der Halluzination vor Damaskus kam es zur Eruption der verdrängten Gedankenzüge, die schon längere Zeit die Sehnsucht nach einem die verdrängte Liebe zur Freiheit führenden Christus eingeschlossen hatten" (ebd.).

– „Die Ausgestaltung der neuen religiösen Vorstellungswelt vollzieht sich nach dem Gesetz der von Tiefenvorgängen abhängigen Vorstellungsbeziehung. Demzufolge können die vordamaszenischen Vorstellungen in der christlichen Periode nicht liegen gelassen werden, sondern müssen sich antithetischen Metamorphosen unterziehen" (ebd.).

– „Obwohl Paulus eine grandiose religiöse und sittliche Sublimierung zugleich mit Überwindung der Zwangsneurose fand, blieben einzelne neurotische Symptome […], die sich gelegentlich vorübergehend bis ins Zentrum des religiösen Lebens (Angststimmung) erstrecken […]" (ebd.).

Pfister vermutet zur vorösterlichen Zeit des Paulus, die Konfrontation von Gesetz und Libido hätten dem jüdischen Eiferer eine psychische Spannung, genauer: ein Minderwertigkeitsgefühl Gott und sich selbst gegenüber eingebracht, das er durch die Gesetzesreligion letztlich vergeblich zu kompensieren, durch die Verfolgung der Christen letztlich vergeblich zu überkompensieren suchte. Dabei hätte Paulus eine unbewusste Faszination, eine unbewusste Neigung zu den Christen, genauer: zu seinem Christusideal bewegt. *Pfister* versucht, mit den Augen des Paulus zu sehen und schreibt: „Jesus und die Christen forderten Liebe und nur Liebe" (277). Stärker (und im Anschluss an *Carl Gustav Jung*) formuliert, lautet die These: *Der vorösterliche Paulus war unbewusst Christ.*

Dieses Zentrum der *Pfisterschen* Überlegungen ist zugleich ihre Schwachstelle; die Quellen stützen die These nicht. Natürlich erzählt Paulus, solange ihm die Faszination, die Neigung oder gar sein Christsein in vorösterlicher Zeit unbewusst ist, nichts darüber. Doch darf sein Schweigen nun nicht als Argument für etwas ihm lebenslang unbewusst Gebliebenes angeführt werden.[55] Zudem lässt sich kein in diese Richtung deutbares Erleben und Verhalten des Paulus in den seine vorösterliche Zeit betreffenden Abschnitten seiner Briefe (Phil 3,4–9/Gal 1,13f; Röm 7,7–25) finden.[56] D.h.: Der psychoanalytisch orientierte Deutungsversuch verlässt hier durch die Interpolation fremder Wahrnehmungen den Rahmen nachvollziehbaren Verstehens und wird zur bloßen Spekulation. So resümiert *Gerd Theißen* mit Recht: „Wir gestehen, über eine unbewußte Christlichkeit des vorösterlichen Paulus nichts aussagen zu können."[57]

Entsprechend sind *zum einen* Vermutungen im Anschluss an *Pfister* (beziehungsweise *Jung*), Paulus habe die unbewusste Angst vor seiner Sehnsucht nach dem Christsein auf die Christen projiziert, „[...] um sie dort umso ungestümer attackieren zu können"[58], nicht haltbar.

Zum anderen ist ein Kausalzusammenhang, wie *Pfister* ihn selbst zwischen den „Tiefenvorgängen" in vorösterlicher Zeit und ihrer Umdeutung in christlicher Zeit herzustellen sucht, nicht nachvollziehbar.

War aber das Ziel der paulinischen Entwicklung nicht oder zumindest nicht nachweisbar das Christsein, lässt sich dann überhaupt eine einmalige, einheitliche und zielgerichtete Dynamik des vorchristlichen Paulus beschreiben? Würde sich – im positiven Fall – ein Ziel des Paulus in der vorchristlichen Zeit von einem entsprechenden in der christlichen Zeit unterscheiden? Oder ließe sich ein paulinischer Lebensstil beschreiben, der ungebrochen sowohl in vorchristlicher als auch in christlicher Zeit sein Erleben und Verhalten bestimmte?

---

55 So C.G. Ingles, The Problem of St. Paul's Conversion, in: ET 40, 1928/1929, (227–231) 228; vgl. die berechtigte Kritik von G. Theißen, Psychologische Aspekte paulinischer Theologie, FRLANT 131, Göttingen 1983, 238 Anm. 88.
56 Vgl. die Studie M. Hengels, Der vorösterliche Paulus, in: ders./U. Heckel (Hg.), Paulus und das antike Judentum, WUNT 58, Tübingen 1991, 177–291, der allerdings – nicht ohne Genugtuung – zu dem Urteil gelangt, man wisse vom vorösterlichen Paulus zu wenig, „[...] um die heute allgegenwärtige psychologische Sonde anzusetzen" (284).
57 G. Theißen, Aspekte, 238.
58 G. Lüdemann, Auferstehung, 110. Vgl. die Kritik W.G. Kümmels, Römer 7 und die Bekehrung des Paulus, in: ders., Römer 7 und das Bild des Menschen im Neuen Testament. Zwei Studien, ThB 53, München 1974,

2.2. Biblisch-theologische Erschließung

Über die vorchristliche Zeit des Paulus informieren die bereits erwähnten (aus der Feder des Paulus stammenden) Primärquellen Phil 3,4–9/Gal 1,13f; Röm 7,7–25; sowie als Sekundärquelle die (von Lukas verfasste) Apostelgeschichte.

Kaum ein Abschnitt im Neuen Testament bereitet den Exegeten allerdings größere Schwierigkeiten als Röm 7,7–25, freilich vor allem, nachdem *Werner Georg Kümmel* 1929[59], und das mit bedauerlicher Nachhaltigkeit[60], gegen ein biografisches Verständnis des Abschnittes argumentiert hat. *Pfister*, daran sei erinnert, kommt erst gar nicht auf die Idee, das Ich in Röm 7 typisch oder fiktiv zu verstehen! Um die folgenden Überlegungen daher nicht von vornherein mit der Diskussion um das Ich in Röm 7 zu belasten, soll der Abschnitt zunächst ausgespart und erst später herangezogen werden.

Wer also war der vorösterliche Paulus, der nach dem Ahnherrn des Stammes Benjamin benannte Saul?

Der Apostelgeschichte liegen zwar einige historisch wertvolle Traditionselemente zugrunde (s. sofort), doch ist Lukas an der Biografie des vorösterlichen Paulus kaum interessiert. Er malt das dunkle Bild einer blutrünstigen Gestalt, damit sein Protagonist später in umso hellerem Licht erstrahle. Paulus habe Gefallen an der Steinigung des Stephanus gehabt (Apg 8,1), Männer und Frauen aus ihren Häusern gezerrt und ins Gefängnis geworfen (8,3) und mit Drohen und Morden gegen die Jünger des Herrn geschnaubt (9,1f). Die redaktionelle Absicht ist eindeutig; der Blick ist auf die Primärquellen zu richten.

In den kurzen Passagen Phil 3,4b–9/Gal 1,13f blickt Paulus auf seine vorösterliche Zeit zurück und deutet sie abschließend (Phil 3,7–9):

(1–160) 157, an Pfister: „Aus einem autoritativen Glauben kann ohne jedes Bedenken das Bewußtsein entspringen, daß eine abgelehnte religiöse Meinung der Ehre Gottes, der Kirche usw. Abbruch tue oder die gottgewollte Reinheit einer religiösen Gemeinschaft zerstöre und darum ausgerottet werden müsse."

59 A.a.O.

60 U. Wilckens, Der Brief an die Römer. 2. Teilband. Röm 6–11, EKK VI/2, Neukirchen-Vluyn ³1993, 76 Anm. 291, spricht gar von einem endgültigen Nachweis, den Kümmel geführt habe.

Phil 3,4–9:

(4b) Wenn ein anderer meint, er könne sich auf Fleisch verlassen, so könnte ich es viel mehr, (5) der ich am achten Tag beschnitten bin, aus dem Volk Israel, vom Stamm Benjamin, ein Hebräer von Hebräern, nach dem Gesetz ein Pharisäer, (6) nach dem Eifer ein Verfolger der Gemeinde, nach der Gerechtigkeit, die das Gesetz fordert, untadelig gewesen. (7) Aber was mir Gewinn war, das habe ich um Christi willen für Schaden erachtet. (8) Ja, ich erachte es noch alles für Schaden gegenüber der überschwänglichen Erkenntnis Christi Jesu, meines Herrn. Um seinetwillen ist mir das alles ein Schaden geworden, und ich erachte es für Dreck, damit ich Christus gewinne (9) und in ihm gefunden werde, dass ich nicht habe meine Gerechtigkeit, die aus dem Gesetz kommt, sondern die durch den Glauben an Christus kommt, nämlich die Gerechtigkeit, die von Gott dem Glauben zugerechnet wird.

Gal 1,13f:

(13) Denn ihr habt ja gehört von meinem Leben früher im Judentum, wie ich über die Maßen die Gemeinde Gottes verfolgte und sie zu zerstören suchte (14) und übertraf im Judentum viele meiner Altersgenossen in meinem Volk weit und eiferte über die Maßen für die Satzungen der Väter.

Paulus wurde als Sohn strenggläubiger jüdischer Eltern im kilikischen Tarsus geboren (vgl. Apg 21,39; 22,3) und Gen 17,12 entsprechend am achten Tag nach seiner Geburt beschnitten (Phil 3,4). In Tarsus mit der Allgemeinbildung seiner Zeit ausgestattet, von seinem Vater sehr wahrscheinlich mit den Schriften, der Geschichte seines Volkes und dem Synagogengottesdienst vertraut gemacht, ging er nach Jerusalem, um in einer der angesehenen Schulen in der Schrift und den Regeln ihrer Auslegung ausgebildet zu werden. Er trat einer pharisäischen Gemeinschaft bei (Phil 3,5). Die Pharisäer strebten strengen Gesetzesgehorsam an, die Heiligung im alltäglichen Leben (vgl. Lev 19,2). Die stete Auslegung des Gesetzes auf die je konkrete Situation hin und die strikte Absonderung von denjenigen, die ihre Anschauungen nicht teilten, ließen sie keinen Zweifel hegen, das Ideal erreichen zu können. Der junge Schriftgelehrte Paulus sah sich ganz dem pharisäischen Ideal verpflichtet.

Dabei ist mit *Ed P. Sanders* und gegen *Oskar Pfister*, der Pharisäertum mit zwangsneurotischer Frömmigkeit gleichsetzt, zu betonen, dass es keinen Grund gibt, „[...] die Pharisäer oder Paulus' Pharisäertum für die Verfolgung Andersgläubiger verantwortlich zu machen".[61] Im Anschluss an *Eduard Lohse* ist vielmehr zu sagen, dass der paulinische *Eifer* um das Gesetz dazu führen musste, dass diejenigen zu verfolgen waren, die seine Gültigkeit nicht eindeutig bejahten.[62] So wurde Paulus der Kampf vor allem gegen diejenigen Judenchristen, die sich zwar noch der Gemeinschaft von Tempel und Kult zugehörig fühlten, doch die Verbindlichkeit des Gesetzes mehr und mehr in Frage stellten, zur Aufgabe. Was er gegen sie tatsächlich erwirken konnte, Geißelhiebe, Stockschläge, Steinigung oder auch Ausschluss aus der Gemeinschaft (vgl. 2Kor 11,24f), musste er später zum Teil selbst erleiden.

Der Eifer als Verfolger der Christen und die untadelige Beachtung des Gesetzes (Phil 3,6) waren Paulus, so blickt er deutend zurück, ein Gewinn (V. 7). Um Christi willen aber sei ihm, was ihm ein Gewinn war, zum Schaden geworden (V. 8). Um Christus zu gewinnen, erachte er es als Unrat, damit er (nicht länger) seine Gerechtigkeit, die aus dem Gesetz kommt, suche, sondern die Gerechtigkeit, die durch den Glauben an Christus kommt (V. 9).

Die paulinische Deutung in Phil 3,7–9 ist zu befragen: Was genau brachte den Gewinn aus der vorchristlichen Sicht? Genügt es (mit *Martin Hengel*[63]) zu sagen, dass Paulus ein völlig gefestigtes Selbstvertrauen hatte, das hohe pharisäische Ideal erfüllen zu können? Was genau brachte den Schaden aus der christlichen Sicht? Genügt es, auf die Umwertung bisheriger Werte hinzuweisen? Sicher nicht, denn nicht das Verfolgen, sondern der *Eifer* brachte den Gewinn, so Paulus, nicht die Gesetzesobservanz, sondern die *tadellose* Gesetzesobservanz.

---

61 E.P. Sanders, Paulus. Eine Einführung, Stuttgart 1995 (engl. Paul, Oxford 1991), 15.

62 E. Lohse, Paulus. Eine Biographie, München 1996, 52.

63 M. Hengel, Paulus, 283: „So spricht keiner, der von Depressionen heimgesucht wurde. Dieses eindeutige Bekenntnis zeigt, daß der junge Schriftgelehrte Paulus glaubte, den hohen Anforderungen einer vollkommenen Thoraobservanz pharisäischer Prägung ohne Einschränkung genügen zu können."

Paulus betont wiederholt seine Überlegenheit. Seine Altersgenossen übertraf er weit im Eifer für die Satzungen der Väter (Gal 1,14). Wenn ein anderer meinte, er könnte sich „auf Fleisch verlassen", so könnte er es viel mehr (Phil 3,4). Den eigenen Volksgenossen fühlte er sich als Pharisäer überlegen (V. 5), und schließlich: „über die Maßen", mehr als nötig, mehr als andere, verfolgte er die Christen und suchte sie zu zerstören (Gal 1,13).

Bei der Durchsicht der Primärquellen fällt also insbesondere auf, dass das Überlegenheitsstreben des Paulus in die Tendenz, andere zu entwerten, überging. Hielt sich die Entwertungstendenz im Blick auf die Alters- und Volksgenossen noch in Grenzen, so wurde sie im Blick auf die Andersgläubigen wohl grenzenlos. Nun zu Röm 7.[64]

Für *Rudolf Bultmann* ist Röm 7 eine Beschreibung der jüdischen Existenz überhaupt, die dementsprechend auch auf das jüdische Dasein des Paulus zutreffen muss.[65] Gerd Theißens Einwand, „[w]enn aber Röm 7 deduktiv auf Paulus angewandt

<hr />

64 Lit.: P. Althaus, Paulus und Luther über den Menschen. Ein Vergleich, SLA 14, Gütersloh [3]1958; J. Blank, Der gespaltene Mensch. Zur Exegese von Röm 7,7–25, in: BiLe 9, 1968, 210–220; G. Bornkamm, Sünde, Gesetz und Tod, in: ders., Das Ende des Gesetzes. Gesammelte Aufsätze I, BEvTh 16, München [5]1966, 51–69; R. Bultmann, Römer 7 und die Anthropologie des Paulus, in: ders., Exegetica. Aufsätze zur Erforschung des Neuen Testaments, ausgewählt, eingeleitet und hg. von E. Dinkler, Tübingen 1967, 198–209; H. Hübner, Gesetz bei Paulus. Ein Beitrag zum Werden der paulinischen Theologie, FRLANT 119, Göttingen 1978, 63–71; K. Kertelge, Exegetische Überlegungen zum Verständnis der paulinischen Anthropologie nach Römer 7, in: ZNW 62, 1971, 105–140; W.G. Kümmel, Römer 7 und das Bild des Menschen im Neuen Testament. Zwei Studien, ThB 53, München 1974; J. Kürzinger, Der Schlüssel zum Verständnis von Römer 7, in: BZ NF 7, 1963, 270–274; H. Lietzmann, An die Römer, HNT 8, Tübingen [4]1933, z.St.; G. Lüdemann, Ketzer, 77–81.263; O. Michel, Der Brief an die Römer, KEK 4, Göttingen ([10]1955) [14]1976, z.St.; W. Schmithals, Der Römerbrief. Ein Kommentar, Gütersloh 1988, z.St.; R. Schnackenburg, Römer 7 im Zusammenhang des Römerbriefes, in: E.E. Ellis/E. Gräßer (Hg.), Jesus und Paulus (FS W.G. Kümmel), Göttingen 1975, 283–300; G. Strecker, Theologie des Neuen Testaments, bearbeitet, ergänzt und hg. von F.W. Horn, Berlin/New York 1996, 142–147; G. Theißen, Aspekte, 181–268; U. Wilckens, z.St.
65 R. Bultmann, Römer 7, 199.

werden kann, warum soll derselbe Text nicht induktiv aus den persönlichen Erfahrungen des Paulus heraus entstanden sein?"[66], weist den weiteren Überlegungen den Weg. *Theißens* Einwand entkräftet die Einzelargumente Kümmels, das Ich in Röm 7 sei eine Stilform, beabsichtige eine theologische Beschreibung und *müsse* daher fiktiv verstanden werden. *Kümmels* Argument, ein persönlich verstandenes Ich in Röm 7 widerspreche der paulinischen Deutung seiner vorösterlichen Zeit in Phil 3 wird zu prüfen sein. Daher soll im Folgenden das Ich in Röm 7,7–25 versuchsweise persönlich aufgefasst werden:

Röm 7,7–25:

(7) Was sollen wir nun sagen? Ist das Gesetz Sünde? Das sei ferne! Aber mit der Sünde hätte ich nicht Bekanntschaft gemacht außer durch das Gesetz. Denn ich hätte die Begierde nicht kennen gelernt, wenn das Gesetz nicht gesagt hätte: „Du sollst nicht begehren!" (8) Die Sünde aber nahm die Gelegenheit wahr, durch das Gebot in mir alle Begierden zu bewirken; denn ohne Gesetz war die Sünde tot. (9) Ich aber lebte einst ohne Gesetz; als aber das Gebot kam, wurde die Sünde lebendig, (10) ich aber starb. Und so erwies es sich mir, dass dasselbe Gebot, das zum Leben gereichen sollte, mir zum Tod gereichte. (11) Denn die Sünde nahm die Gelegenheit durch das Gebot wahr und betrog mich und töte mich durch es. (12) So ist also das Gesetz heilig, und das Gebot ist heilig, gerecht und gut.

(13) Das Gute also gereichte mir zum Tod? Das sei ferne! Aber die Sünde, damit sie als Sünde sichtbar werde, hat mir durch das Gute den Tod bewirkt, damit die Sünde über die Maßen sündig werde durch das Gebot. (14) Denn wir wissen, dass das Gesetz geistlich ist; ich aber bin fleischlich, unter die Sünde verkauft. (15) Denn ich verstehe nicht, was ich bewirke. Denn nicht, was ich will, das tue ich, sondern was ich hasse, das tue ich. (16) Wenn ich aber das tue, was ich nicht will, so gestehe ich dem Gesetz zu, dass es gut ist. (17) So aber bewirke nicht ich es, sondern die Sünde, die in mir wohnt. (18) Denn ich weiß, dass in mir, das heißt in meinem Fleisch, nicht Gutes wohnt. Denn das Wollen steht mir zur Verfügung, das Gute zu bewirken aber nicht. (19) Denn nicht das Gute, das ich will, tue ich, sondern das Böse, das ich nicht will, das tue ich. (20) Wenn ich aber tue, was ich nicht will, so bin nicht ich es, der es bewirkt, sondern die Sünde, die in mir wohnt. (21) Ich finde also das Gesetz, dass mir, der ich das Gute tun will, (allein) das Böse zur Verfügung steht. (22)

---

66 G. Theißen, Aspekte, 211 Anm. 5.

Denn ich stimme dem Gesetz Gottes nach dem inwendigen Menschen freudig zu. (23) Ich sehe aber ein anderes Gesetz in meinen Gliedern, das dem Gesetz meiner Vernunft widerstreitet und mich gefangen nimmt im Gesetz der Sünde, das in meinen Gliedern ist. (24) Ich elender Mensch! Wer wird mich erlösen aus diesem Leib des Todes? (25) Dank sei Gott durch Jesus Christus, unsern Herrn! So diene nun ich, derselbe, mit der Vernunft dem Gesetz Gottes, aber mit dem Fleisch dem Gesetz der Sünde.

Paulus behandelt in Röm 6f Einwände eines fiktiven Gesprächspartners gegen die Freiheit von der Sünde (Röm 6,1.15) als Freiheit vom Gesetz (Röm 7,7.13; vgl. schon 3,1–8).

Einzelanalysen

V. 7–12: Die antike Einsicht, „getadelte Liebe drängt um so mehr", ist wohl nicht als Ausgangspunkt des Gedankenganges anzusehen.[67] Denn einst gab es für das Ich eine Zeit ohne Gesetz (V. 9a)[68], entsprechend lebte es ohne Erkenntnis der Sünde, ohne Kenntnis der Begierde in alleiniger Verfügung über sich selbst.

Die Begegnung mit dem Gesetz brachte dem Ich die Bekanntschaft mit der Sünde, die Kenntnis der Begierde. Das konkrete Gebot „Du sollst nicht begehren!" (Ex 20,17; Dtn 5,21) wird unter Auslassung eines Objekts zitiert und ist daher nur recht gezwungen auf die Libido reduzierbar, wie *Pfister* behauptet[69]. Es stellte das Leben des Ich in Frage (Gen 2,17b). Der verneinte Irrealis in V. 7b.c benennt die Begegnung des Ich

---

67 So G. Theißen, Aspekte, 225, mit weiteren Beispielen; vgl. U. Luz, Das Geschichtsverständnis des Paulus, BEvTh 49, München 1968, 163f Anm. 108f.

68 Bei Annahme eines fiktiven Ich kommt nur die Zeit vor dem Gebot Gen 2,16f in Frage (so U. Wilckens, 81), bei Annahme eines persönlichen oder typischen Ich darf man an die Zeit des jungen Juden vor dessen Begegnung mit dem Gesetz (im Sinne von V. 7b–8) denken (so ähnlich nur W.D. Davies, Paul and Rabbinic Judaism. Some Rabbinic Elements in Pauline Theology, London [3]1968, 241f).

69 Vgl. O. Pfister, 271f: „Im zehnten Gebot war es aber sicher nicht das Verbot des Neides auf schöne Häuser, Ochsen, Habe, sondern jedenfalls das Verbot des Gelüsten, das gemeinhin unter der bösen Lust verstanden wird und im Gelüsten nach des Nächsten Weib im zitierten Gebote besonders illustriert wird."

mit dem Gesetz und seiner Stimme, dem Gebot, als Bedingung der Möglichkeit, mit der Sünde Bekanntschaft zu machen[70]: „Ich hätte nicht mit der Sünde Bekanntschaft gemacht", „ich hätte nicht die Begierde kennen gelernt."

Einmal in Bekanntschaft mit der Sünde (V. 8), blieb dem Ich keine andere Möglichkeit, als durch vollkommene Erfüllung des Gesetzes, nicht zu begehren, also durch vollkommene Erfüllung des ganzen Gesetzes der Sünde zu entgehen und das Leben zu erlangen (V. 10b begründet die nomistische Haltung im Rekurs auf Lev 18,5: „der Mensch, der [die Satzungen und Rechte Gottes] tut, wird durch sie leben"; Röm 10,5; Gal 3,12). Den Betrug der Sünde (V. 11) vermochte das Ich, als Ich ante Christum, nicht zu durchschauen (vgl. Röm 1,22; 2,17–20) – erst durch Christus wurde der Betrug offenbar (Gal 3,11) –, gleichwohl musste es ihrer betrügerischen Wirkung gewahr werden (die Beschreibung folgt im präsentischen Teil V. 14– 23).[71] Das Ich verlor durch das Gesetz die alleinige Verfügung über sich selbst (V. 10a: „ich aber starb"), später genau: die Verfügung über das eigene Tun im Sinne vollkommener Erfüllung des Gesetzes (V. 18), zugleich aber bedurfte es dieser Verfügung unbedingt, um der Verpflichtung auf das ganze Gesetz nachkommen zu können. Es ist also kein Zweifel daran möglich, dass das Gesetz heilig und das Gebot heilig, gerecht und gut ist (V. 12). Dem Ich aber konnte die vollkommene Erfüllung des Gesetzes nicht gelingen; der Betrug der Sünde bewirkte vielmehr, dass es unter dem Fluch stand (Gal 3,10): „Verflucht sei jeder, der nicht in allem bei dem bleibt, von dem im Buch des Gesetzes geschrieben steht, dass er es tue" (Dtn 27,26): V. 10c. Bevor das Ich die aussichtslose Lage schildern wird, steht ein zweiter Einwand gegen die Freiheit vom Gesetz zur Beantwortung an.

V. 13–25: Indem die Sünde dem Ich durch das Gesetz die alleinige Verfügung über sich selbst entzog (V. 10a), so dass das Ich tut, was es nicht will, unterstellte sie es dem Urteil des Gesetzes. Es ist evident: Das Gesetz ist gut (V. 16 wie V. 12). Soweit die Vorgeschichte. Die betrügerische Wirkung der Sünde

---

70 Vgl. U. Wilckens, 78.
71 Vgl. 2Kor 3,13–15; dazu G. Theißen, Aspekte, 212: „Getäuscht werden also gerade die, die in bester Absicht auf die Stimme des Gesetzes lauschen."

wurde sichtbar – über die Maßen (V. 13): Der alleinigen Verfügung über sich selbst beraubt (V. 14b: „verkauft unter die Sünde"), steuert das Ich geradewegs, gegen das Gesetz handelnd, auf den Tod zu (V. 10c.13.24b; vgl. 6,23a). Es weiß um das eigene Tun[72], das es nicht will, und versteht nicht, was es bewirkt (V. 15.18f). Das Wollen untersteht uneingeschränkt der Verfügung des Ich (V. 18), ist also uneingeschränkt dem Gesetz verpflichtet, das Ich (selbst, indem es fleischlich, d.h. sein Fleisch *ist* [V. 14b], indem die Sünde Hausherr im Ich ist [V. 17.20]), kann der Verpflichtung nicht nachkommen, genauer: es handelt gegen das Gesetz. In seinem Tun steht dem Ich nur die gesetzeswidrige Tat, das Böse zur Verfügung (V. 21). M.a.W.: Dem Gesetz Gottes, das das Ich tun will (V. 16; stärker noch V. 22), steht *im Ich* das das Ich beherrschende Gesetz der Sünde entgegen.

Mit der Klage V. 24a ist die Geschichte des Ich ante Christum abgeschlossen. Die Frage nach Erlösung V. 24b, die aus der Sicht des Ich keine Aussicht hätte, eine positive Antwort zu erhalten, ist wie die sich anschließende Dankesformel V. 25a aus der Sicht post Christum formuliert (vgl. V. 6; Gal 3,13). Erreicht wird, dass die Schilderung des Ich mit der Preisgabe seiner nomistischen Haltung endet.

Der sperrige V. 25b, der überraschend von einem doppelten Dienst spricht, wird wahrscheinlich nicht zum ursprünglichen Text gehört haben.[73]

2.3. Lebensstilorientierte Annäherung

2.3.1. Identifizierung der Ausdrucksformen

Die Zusammenstellung aller Ausdrucksformen des Paulus in den Primärquellen Phil 3,4–9/Gal 1,13f lässt eine Reihe von nach Überlegenheit strebenden Formen erkennen (im Folgenden kursiv):

---

72 Gegen G. Theißen, a. a. O., 221, ist darauf hinzuweisen, dass sich die Verneinung nicht auf das Tun, sondern auf das Wollen bezieht, d.h., das Ich weiß um das *gesetzeswidrige* Tun; V. 15b.19a widersprechen nur scheinbar, das Gewicht der Aussage liegt jeweils auf dem zweiten Satzteil (V. 15c. 19b).

73 Vgl. dagegen Röm 6,16; 7,4–6; 8,5–13; 2Kor 10,3.

Phil 3,4–9:

– ein Hebräer von Hebräern, nach dem Gesetz *ein Pharisäer* (V. 5)
– nach dem *Eifer* ein Verfolger der Gemeinde (V. 6a)
– nach der Gerechtigkeit, die das Gesetz fordert, *untadelig* (V. 6b)

Gal 1,13f:

– Denn ihr habt ja gehört von meinem Leben früher im Judentum, wie ich *über die Maßen* die Gemeinde Gottes verfolgte und sie zu zerstören suchte (V. 13)
– und *übertraf im Judentum viele meiner Altersgenossen in meinem Volk weit* und eiferte *über die Maßen* für die Satzungen der Väter. (V. 14)

In Röm 7,7–25 beschreibt Paulus das Erleben und Verhalten des Ich (im Folgenden kursiv):

(7) Was sollen wir nun sagen? Ist das Gesetz Sünde? Das sei ferne! Aber mit der Sünde hätte ich nicht *Bekanntschaft gemacht* außer durch das Gesetz. Denn ich hätte *die Begierde* nicht *kennen gelernt*, wenn das Gesetz nicht gesagt hätte: „Du sollst nicht begehren!" (8) Die Sünde aber nahm die Gelegenheit wahr, durch das Gebot *in mir alle Begierden zu bewirken*; denn ohne Gesetz war die Sünde tot. (9) *Ich aber lebte einst ohne Gesetz*; als aber das Gebot kam, wurde die Sünde lebendig, (10) *ich aber starb*. Und so erwies es sich mir, dass dasselbe Gebot, das zum Leben gereichen sollte, *mir zum Tod gereichte*. (11) Denn die Sünde nahm die Gelegenheit durch das Gebot wahr und *betrog mich und töte mich* durch es. (12) So ist also das Gesetz heilig, und das Gebot ist heilig, gerecht und gut.

(13) Das Gute also gereichte mir zum Tod? Das sei ferne! Aber die Sünde, damit sie als Sünde sichtbar werde, *hat mir durch das Gute den Tod bewirkt*, damit die Sünde über die Maßen sündig werde durch das Gebot. (14) Denn wir wissen, dass das Gesetz geistlich ist; *ich* aber *bin fleischlich, unter die Sünde verkauft*. (15) *Denn ich verstehe nicht, was ich bewirke. Denn nicht, was ich will, das tue ich, sondern was ich hasse, das tue ich.* (16) Wenn *ich* aber das *tue, was ich nicht will*, so gestehe ich dem Gesetz zu, dass es gut ist. (17) So aber bewirke nicht

ich es, sondern *die Sünde, die in mir wohnt*. (18) *Denn ich weiß, dass in mir, das heißt in meinem Fleisch, nicht Gutes wohnt. Denn das Wollen steht mir zur Verfügung, das Gute zu bewirken aber nicht.* (19) *Denn nicht das Gute, das ich will, tue ich, sondern das Böse, das ich nicht will, das tue ich.* (20) Wenn ich aber tue, was ich nicht will, so bin nicht ich es, der es bewirkt, sondern *die Sünde, die in mir wohnt*. (21) *Ich finde also das Gesetz*, dass mir, der ich das Gute tun will, (allein) das Böse zur Verfügung steht. (22) Denn *ich stimme dem Gesetz Gottes nach dem inwendigen Menschen freudig zu*. (23) *Ich sehe aber ein anderes Gesetz in meinen Gliedern, das* dem Gesetz meiner Vernunft widerstreitet und *mich gefangen nimmt* im Gesetz der Sünde, *das in meinen Gliedern ist*. (24) *Ich elender Mensch!* Wer wird mich erlösen aus diesem *Leib des Todes*? (25) Dank sei Gott durch Jesus Christus, unsern Herrn! So diene nun ich, derselbe, mit der Vernunft dem Gesetz Gottes, aber mit dem Fleisch dem Gesetz der Sünde.

Eine einheitliche Dynamik wird zunächst in Phil 3,4–9/ Gal 1,13f zu identifizieren sein. Röm 7,7–25 wird ein weiteres Mal zunächst ausgespart, dann aber zur Formulierung einer Hypothese zum Ziel herangezogen.

2.3.2. Identifizierung einer einheitlichen Dynamik

Die Individualpsychologie versteht das Überlegenheitsstreben als ein Mittel, die Fiktion der alleinigen Verfügung über das eigene Leben und damit die Fiktion der Aufrechterhaltung des eigenen Wertes zu sichern. Ein verwandtes Mittel sei es, so *Adler*, die Unterlegenheit der anderen, deren Entwertung, anzustreben:

[D]er Neurotiker kann sein Persönlichkeitsgefühl auch dadurch erhöhen, daß er den anderen herabsetzt, im ernstesten Falle *Herr über Leben und Tod* wird, über sein eigenes Leben oder über das anderer.[74]

Das Überlegenheitsstreben sowie das Streben nach Unterlegenheit der anderen sind daher aggressive Strategien zur Sicherung und kompensatorischen Aufwertung der eigenen Person. Sie

---

74 A. Adler, Charakter, 62 (kursiv durch M.G.).

sind Produkte einer in der eigenen Biografie entstandenen übersteigerten Sorge um den eigenen Wert, eines Minderwertigkeitsgefühls, und entsprechen einem Handlungsbewertungssystem, einer „privaten Logik", mit *Robert F. Antoch* formuliert, „[…] wonach auf der Leitlinie der Ich-Bezogenheit zwar formallogisch richtig geschlossen, aber eben ich-zentriert gewichtet und attribuiert wird."[75]

Ein solches Überlegenheitsstreben (als Sicherungs- und Kompensationsstrategie) in Verbindung mit dem entsprechenden Handlungsbewertungssystem, der entsprechenden „privaten Logik", lässt sich bei Paulus in seiner vorösterlichen Zeit sicher feststellen. Der Gewinn, den Paulus erfuhr, war – nun zwangsläufig – ein schadvoller, so dass er die Sicherungsstrategie immer mehr verschärfen musste. Nach *Adler* gilt:

Jeder Schritt, den [das Individuum] unternimmt, wird es weiter in die Selbsttäuschung führen, und all seine Probleme werden es mit immer größer werdender Dringlichkeit belasten. Die wirklichen Minderwertigkeitsgefühle werden bleiben. Es werden dieselben alten Minderwertigkeitsgefühle sein, die durch dieselbe alte Situation hervorgerufen wurden.[76]

Welches Ereignis in der Biografie des Paulus löste die übersteigerte Sorge um den eigenen Wert aus?

Zwei Hinweise: *Zum einen* stehen das Überlegenheitsstreben und das Trachten nach Unterlegenheit anderer in der vorchristlichen Zeit des Paulus ausnahmslos in Verbindung mit dem Gesetz. In der Gesetzesobservanz war er seinen Altersgenossen voraus und den Volksgenossen als Pharisäer. In der Verfolgung der Christen ging er noch über das pharisäische Ideal hinaus.

Zum anderen deutet die Phil 3,4–9 abschließende Gegenüberstellung, „nicht meine Gerechtigkeit, die aus dem Gesetz kommt, suche ich, sondern die durch den Glauben an Christus kommt", an, worin er Ursprung und Grundlage seines schadvollen vorösterlichen Lebens sieht: in der nomistischen Fehlhaltung, das Gesetz gereiche zur Gerechtigkeit, zum Leben. Dann

---

75 R.F. Antoch, 200.
76 A. Adler, Charakter, 49f.

aber wird die erste bewusste Begegnung des jungen Juden Paulus mit dem Gesetz als das auslösende biografische Ereignis zu bestimmen sein. *Oskar Pfister* in diesem Punkt zuzustimmen.

2.3.3. Hypothese zum Ziel

Die erste und bislang einzige individualpsychologische Auslegung von Röm 7,7–25 hat *Jochen Ellerbrock* vorgelegt.[77] Ellerbrock liest eine eindrucksvolle paulinische Analyse des „fundamentalen Selbst-Widerspruch[s]" zwischen dem „Leben kata sarka" und dem „Leben kata pneuma". Ausgehend von V. 19 schreibt er:

> Der Zwiespalt, von dem das Ich in Röm 7 zerrissen wird, ist transmoralischer Art. Dieses Ich sucht wie jeder Mensch für sich das Gute. Es ist auf Erfüllung aus, möchte Heil erlangen. Paulus blickt, sensibilisiert durch sein Nachdenken über das Ereignis Jesus, auf die vorchristliche Existenzweise zurück und begreift: In diesem Widerspruch verfängt sich hoffnungslos, wer in der Art des ‚kata sarka'-Seins das Gute will – nämlich einzig für sich will. Was immer dabei herauskommt, ist das Böse. Und zwar richtet Paulus sein Augenmerk hier ebenfalls nicht auf den ethisch-moralischen Aspekt. Das Böse, in das sich das Ich von Röm 7 gegen seinen Willen verstrickt sieht, ist transmoralischer Art. Sobald das Ich seiner Lage gewahr wird, begreift es sich als Gefangenen einer nicht endenden Geschichte des Unbehagens. Dieses Unbehagen äußert sich in Mensch äußrer oder innerer Disharmonie – bis hin zu tödlich bohrendem Zweifel am Sinn des Ganzen. (170f)

Ellerbrock vermutet mit Recht als Ziel des Ichs den Versuch, „aus dem Gerichtetsein auf die Sphäre des Irdisch-Vergänglichen wahres Leben gewinnen zu wollen" (171). „Durch eifrige Gesetzesobservanz", so *Ellerbrock*, „will sich der Mensch gleichsam mit eigener Kraft aus den Niederungen seines Sünder-Daseins zur Höhe emporschwingen, um vor Gott mit seiner Gerechtigkeit zu glänzen, die ihm Respekt abnötigt" (172).

Für das Ich in Röm 7 besteht freilich die Alternative „Leben kata sarka" – „Leben kata pneuma" noch gar nicht, es gilt Lev 18,5 (daher Röm 7,10b wie 10,5; Gal 3,12). Die nomistische

---

77 J. Ellerbrock, 170–172. Nachweise werden im Text gegeben.

Erwartung des Ich ist begründet. Entsprechend hat das Ich in Röm 7 keine Möglichkeit zur vergleichenden Betrachtung seiner Lage: Es ist betroffen vom Betrug der Sünde, den es nicht zu durchschauen vermag. Allein der betrügerischen Wirkung der Sünde wird es gewahr. In seiner Beschreibung bleibt das Ich innerhalb der Grenzen, die das Nichtverstehen setzt: Ich verstehe nicht, was ich bewirke (V. 15), obgleich ich weiß, dass ich das Böse tue (V. 18f). Das Ich ante Christum kann nicht ahnen, dass ihm Erlösung aus seiner Lage zuteil werden wird, es muss vielmehr davon ausgehen, dass sich nichts ändern wird. Der Tempuswechsel zum Präsens im beschreibenden Teil V. 14–23 lässt wohl nur diese Deutung zu.

Das Ich beschreibt allein das Wissen um das eigene Tun. Der Verfügung über das eigene Tun beraubt, steht es nicht in einem Konflikt zwischen Wollen und Tun, sondern es findet sich faktisch als Tuendes vor. Die Not des Ich besteht entsprechend darin, stets nur konstatieren zu können, was es tut – und das will es nicht. Das Tun aber verläuft – ebenso wie das Wollen – durchweg gradlinig. Am Ende der Geschichte des Ich ante Christum steht daher allein die Klage „Ich elender Mensch!"

2.3.4. Lebensstilorientierte Deutung der Ausdrucksformen

Röm 7,7–12: Die übersteigerte Sorge um den eigenen Wert

Die Begegnung mit dem Gesetz stellte das Leben des Ich in Frage, genauer: die Konsistenz und positive Wertung des Selbstkonzepts vor dem Ereignis V. 7b–8 (= V. 9a). In übersteigerter Sorge um den eigenen Wert, d.h. in dem Gefühl der Minderwertigkeit gegenüber dem Gesetz (es ist heilig, das Gebot ist heilig, gerecht und gut: V. 12; vgl. V. 16) – die Gelegenheit, die die Sünde wahrnahm (V. 8) – ergriff das Ich die Fiktion, in alleiniger Verfügung über sich selbst der Verpflichtung auf das ganze Gesetz (V. 10b) nachkommen zu können und den eigenen Wert zu sichern. An dieser Fiktion festzuhalten (der Betrug der Sünde: V. 11) – gegen die Erfahrungen, an der vollkommenen Gesetzesobservanz scheitern zu müssen (mit dem Ergebnis V. 10c.13.24b) –, wurde zur Leitlinie des Ich, so dass möglicher Zweifel am Gelingen in den Hintergrund trat. Jede Äußerung des Ich, sowohl das Wollen als auch das Tun, wurde bestimmt von dem ihm vorschwebenden Ziel der Selbstwerterhaltung; im unbedingten Festhalten an der Fiktion verlor das Ich die alleinige Verfügung über sich selbst (es starb [V. 10a]).

V. 13–25: Sicherung und kompensatorische Aufwertung der eigenen Person durch Aggression

Das Minderwertigkeitsgefühl bewirkte, dass das Ich in stärker werdendem Maße der Fiktion vollkommener Gesetzesobservanz zur Sicherung des Selbstwertes anhing (spürbar in der Steigerung von V. 16 zu V. 22). Dem gesteigerten Wollen entspricht ein gesteigertes Tun. Die Sicherungsstrategie also musste verschärft werden, damit sie ihrer kompensatorischen Aufgabe noch nachkommen konnte. Das Ich beschreibt das eigene konkrete Tun nicht; gleichwohl blieben ihm nur zwei Möglichkeiten: Sicherung durch Aggression oder Sicherung durch Distanz. Indem das Ich sich als aktiv schildert, ist ersteres wahrscheinlicher. Das eigene Handlungsbewertungssystem nicht durchschauend, weiß das Ich zwar um das eigene Tun, doch es versteht die Wirkung, derer es gewahr wird, nicht (V. 15.18f; die betrügerische Wirkung der Sünde). Wollen und Tun entsprechen der Leitlinie[78] (daher lässt sich dem Ich kein Konflikt diagnostizieren!), doch die übersteigerte Sicherungsstrategie (die gesetzeswidrige Tat, das Böse, das allein ihm zur Verfügung steht: V. 21) wirft das Ich immer wieder in seine Ausgangslage, das Gefühl der Minderwertigkeit gegenüber dem Gesetz, zurück. Das Ich gibt schließlich die Hoffnung auf Selbstwerterhaltung auf (V. 24a).

2.3.5. Fazit

Phil 3,4b–9/Gal 1,13f und Röm 7,7–25 ergänzen sich nun zu einem plausiblen Gesamtbild. Phil 3,4b–9/Gal 1,13f lassen Ursprung und Grundlage der Sicherung und kompensatorischen Aufwertung der eigenen Person durch das Überlegenheitsstreben vermuten. Paulus weist Phil 3,9 auf die nomistische Fehlhaltung hin. Röm 7,7–25 zeigt, dass die Begegnung mit

---

78 Vgl. F. Künkel, Beitrag zur Kritik der Ambivalenz, in: I. Z. Individualpsych. 3, 1925, (62–79) 71: „Wer etwas will, versucht es. Der Wille ist identisch mit den Anstrengungen zur Verwirklichung des Gewollten."

dem Gesetz zu übersteigerter Sorge um den eigenen Wert, zu einem Gefühl der Minderwertigkeit dem Gesetz gegenüber, geführt hat.

Röm 7,7–25 lässt zwar letztlich offen, welcher Sicherungsstrategie sich das Ich bediente. Phil 3,4–9/Gal 1,13f aber zeigen eindeutig das Streben des Paulus nach Überlegenheit, das in eine schließlich maßlose Entwertungstendenz überging.

In der negativen Bewertung des Lebens ante Christum stimmen die Texte überein (vgl. nur Röm 7,24a mit Phil 3,7).

Die lebensstilorientierte Annäherung erbrachte sichere Hinweise dafür, dass das Ich in Röm 7 persönlich zu verstehen ist. Die Notizen in Phil 3,4–9/Gal 1,13f widersprechen einer biografischen Auslegung von Röm 7 nicht. Die Texte ergänzen sich zu einem Gesamtbild. Allerdings vermeidet Paulus in Röm 7 konkrete Hinweise auf die eigene Biografie, um dem Ich typische Züge zu verleihen. Ein sich gegen andere abgrenzendes Ich könnte die Einwände V. 7.13 nicht grundsätzlich entkräften.

2.3.6. Ausblick

Pfisters Bild vom Wandel des tarsischen Juden vom Christenverfolger zum Christusverkündiger hängt stark, wie zu Beginn zu zeigen war, von der These einer unbewussten Faszination oder Neigung des Paulus zum Christlichen ab. Weder lassen sich aber die Christenverfolgung, noch die Christusverkündigung mit Hilfe der Theorie von den „Tiefenvorgängen" nachweisbar erklären. Immerhin sind *Pfister* zurecht bleibende „neurotische Symptome" beim christlichen Paulus aufgefallen. Diese sind jedoch nicht primär in Krankheiten, Ekstasen und Zungenreden, wie Pfister meint[79], zu sehen, sondern vielmehr in den Wirkungen eines gleich gebliebenen Handlungsbewertungssystems, der gleich gebliebenen „privaten Logik" des Paulus.

Eines gilt es, zu beachten. Paulus erfuhr durch das Damaskusgeschehen nicht nur einen Wandel vom Juden zum Christen. Er wandelte sich auch nicht nur vom Pharisäer zum Apostel,

---

79 Vgl. O. Pfister, 286: „Er blieb der kranke Hysteriker, der unter seinen Anfällen viel litt (Gal 4,14; 2Kor 12,7), er blieb der Ekstatiker, der in Visionen (1Kor 12,4), ja sogar Zungenreden (1Kor 12,10; 1Kor 14) die höchsten Geisteswirkungen, die erhabensten Gottesgeschenke erblickt."

sondern vom tadellosen Pharisäer zum Apostel Jesu Christi, ein Wandel, der in seiner Unverzüglichkeit und Direktheit seinen Zeitgenossen, ob Juden oder Christen, kaum nachvollziehbar sein konnte.

Paulus war davon überzeugt, von Gott zum Apostel berufen worden zu sein (1Kor 1,1; Gal 1,1.12), ferner, dass er, vielleicht sogar er allein, zur Verkündigung des Evangeliums Gottes ausgewählt und abgesondert war (Röm 1,1). Ohne Bedenken konnte er seine Berufung zum Apostel mit der Berufung der Propheten Jesaja (Jes 49,1) und Jeremia (Jer 1,5) parallel setzen (Gal 1,15). Betrachtet man die von ihm selbst 1Kor 12,28 gegebene Autoritätsfolge innerhalb des Christentums, erstens Apostel, zweitens Propheten, drittens Lehrer, dann Machterweise, Gnadengaben, Hilfeleistungen, Leitungstätigkeiten, Arten der Zungenrede, so ist kein Zweifel daran möglich, dass er sich von Gott an die erste Stelle gesetzt sah. Er betrachtete sich nicht nur als den Christen niederer Autoritätsstufen überlegen, wie beispielsweise den von ihm kritisierten korinthischen Pneumatikern. Zu deren Fähigkeit des Zungenredens bemerkt Paulus: „Ich danke Gott, dass ich mehr in Zungen rede als ihr alle" (2Kor 14,8).[80] Den späteren Vorwürfen der korinthischen Paulusgegner, die selbst einen apostolischen Anspruch vertraten (vgl. 2Kor 11,5; 12,11), entgegnet er: „Sie sind Diener Christi – ich rede töricht: ich bin's weit mehr! Ich habe mehr gearbeitet, ich bin öfter gefangen gewesen, ich habe mehr Schläge erlitten, ich bin oft in Todesnöten gewesen" (2Kor 11,23).

Vor allem sah er sich mit den Jerusalemer Autoritäten, denjenigen, die vor ihm Apostel waren (Gal 1,17), durch das Damaskuserlebnis gleichgestellt (1Kor 15,8) – und doch aus diesem Kreis durch die Besonderheit seiner Offenbarung (als einer „unzeitigen Geburt") und durch die Besonderheit seiner Beauftragung, der *eine* Heidenmissionar zu sein (Röm 11,13), herausgehoben. Mit dem Hinweis, er habe seit seiner Berufung mehr gearbeitet als alle anderen, betont er 1Kor 15,10 seine Überlegenheit gegenüber allen Auferstehungszeugen und somit auch gegenüber den Jerusalemer Autoritäten.

---

80 Gegen F.W. Horn, Das Angeld des Geistes. Studien zur paulinischen Pneumatologie, FRLANT 145, Göttingen 1992, 255f, der 1Kor 14,8 für unhistorisch hält.

Gerd Lüdemann stellt in diesem Zusammenhang in seiner jüngsten Paulus-Monografie die richtigen Fragen: „Warum war es Paulus nicht genug, Teil der christlichen Bewegung zu werden? Warum musste er Apostel sein, ja sogar *der* Heidenapostel"?[81]

Die Antwort, die *Lüdemann* gibt, bleibt allerdings blass: „Ein Mensch wie Paulus musste immer die Nummer 1 sein. Da zum Zeitpunkt seiner Bekehrung der Platz des Apostels der Heiden noch nicht besetzt war, trieb es Paulus dahin, ihn anzustreben. Denn das war wirklich eine Position von Rang."[82]

Was aber trieb Paulus dahin, ebenso wie in vorchristlicher Zeit auch in christlicher Zeit eine Position von Rang anzustreben? Sieht man hierin (dieser Schluss ist wohl zwingend) eine einheitliche, ungebrochene Bewegung, was war das eigentliche Ziel einer solchen Dynamik?

Es sei noch einmal an das Ergebnis der Überlegungen des vorigen Abschnittes erinnert. Eine übersteigerte Sorge um den eigenen Wert, ein Minderwertigkeitsgefühl, wurde als Triebkraft des vorösterlichen Paulus bestimmt, Sicherung und kompensatorische Aufwertung der eigenen Person sollten mit Hilfe eines aggressiven Überlegenheitsstrebens oder des Strebens nach Unterlegenheit der anderen gelingen. Das Ziel also war die Sicherung des eigenen, ins Wanken geratenen Wertes.

Trifft diese Hypothese zum Lebensstil des vorchristlichen Paulus auch nur annähernd zu, drängt sich die Annahme auf, dass die übersteigerte Sorge um den eigenen Wert, oder genauer: die Selbstwertsicherung auch die treibendende Kraft des christlichen Paulus war. Verhieß ihm einst nur die vollkommene Gesetzesobservanz das Leben, hing er dieser Fiktion, alle Erfahrungen des Scheiterns leugnend, an und gab er, nimmt man Röm 7,24a ernst, schließlich die Hoffnung auf Selbstwerterhaltung auf, so erfuhr er das Damaskusgeschehen als abruptes Ende des alten und Beginn seines neuen, eigentlichen Lebens. Für eine Aufarbeitung seines vorchristlichen Lebensstils blieb kein Raum. Paulus erfuhr als Bruch, was tatsächlich

---

81 G. Lüdemann, Paulus, der Gründer des Christentums, Lüneburg 2001, 172.

82 A.a.O., 173. Ebenso blass E.P. Sanders, 21: „So konnte Paulus – als Pharisäer und Apostel – von sich sagen, daß er zu den besten zählte, und wir haben keinen Grund, an seinem Wort zu zweifeln."

aber ungebrochen weiterwirkte. Er sieht Gal 1,15f seine Erwählung und Berufung als bei seiner Geburt bereits geschehen an und leugnet damit die Gesamtheit seiner vorchristlichen Erfahrungen des Scheiterns: „Als es aber dem, der mich von meiner Mutter Leibe an ausgewählt und durch seine Gnade berufen hat, gefiel, mir seinen Sohn zu offenbaren, damit ich ihn unter den Heiden verkündigte, zog ich nicht Fleisch und Blut zu Rate."

Am Rande bemerkt: Römer 7 widerspricht dieser Aussage nicht, Paulus wurde nicht eines Konfliktes in seiner vorchristlichen Zeit gewahr, sondern allein der ihm unverstanden gebliebenen Wirkung seines Tuns.

Oder anders: Paulus gewichtete die apostolische Autorität nicht anders als das tadellose Pharisäertum zuvor. Er hielt nun zwar nicht mehr an der Fiktion der vollkommenen Gesetzesobservanz fest, dafür aber an jener der Erreichbarkeit vollkommener Anerkennung seiner Autorität als Apostel.

Weiterhin der Fiktion, in alleiniger Verfügung über sich selbst den eigenen Wert sichern zu können, anhängend, musste abermals möglicher Zweifel am Gelingen in den Hintergrund treten und mussten abermals Erfahrungen des Scheiterns geleugnet werden.

Der Anerkennung seiner apostolischen Autorität stand *zum einen* die heftige Bestreitung innerhalb der Gemeinden in Korinth und Galatien (1Kor 9,2; 15,8–10; 2Kor 10–13; Gal 1f) entgegen, *zum anderen* die offensichtliche Verweigerung der Anerkennung auf dem Jerusalemer Apostelkonvent (Gal 2,1–10); Paulus hätte von einer Anerkennung seiner apostolischen Autorität durch Kephas, Jakobus und Johannes zweifellos gerne berichtet! Er betont, ohne müde zu werden, die Besonderheit seiner Offenbarung sowie die Besonderheit seiner Beauftragung, um den Makel einer fehlenden Berufung durch den vorösterlichen Jesus auszugleichen. Mit Hinweis auf die Jerusalemer Autoritäten wurde ihm dies mit Sicherheit vorgehalten.

Wie bereits in seiner vorösterlichen Zeit musste Paulus auch spätestens zur Zeit des Apostelkonventes, etwa fünfzehn Jahre nach seiner Bekehrung, seine Sicherungsstrategie des Überlegenheitsstrebens verschärfen. Hier mag der Wechsel innerhalb der Jerusalemer Führung von dem ihm bei seinem ersten Jerusalembesuch wohlgesonnenen Kephas (Gal 1,18) auf Jakobus

(Gal 2,9 an erster Stelle genannt) ausschlaggebend gewesen sein. So führte Paulus auf dem Konvent (Gal 2,7) die sichtbare, d.h. allgemein anerkennbare Wirkung seiner Verkündigung als Argument für seine Autorität vor dem Zusammentreffen an und verwies (Gal 2,10) auf seinen Eifer um das Zustandekommen einer Kollekte für Jerusalem nach dem Konvent. Dieses ehrgeizige und in dem beabsichtigten Maße nicht realisierbare Programm, das er den Jerusalemer Autoritäten für seine selbständige Heidenmission damit vorlegte, bewirkte zwar zunächst die Anerkennung seiner Mission (Gal 2,9), führte aber nicht zu der für Paulus notwendigen Anerkennung seiner apostolischen Autorität.

Fazit: Zu Beginn wurde gefragt, ob sich eine einheitliche zielgerichtete Dynamik in der vorchristlichen Zeit des Paulus erkennen lässt und – im positiven Fall –, ob diese mit Beginn der christlichen Zeit einen Bruch erfuhr oder sich ungebrochen fortsetzte. Folgende Antwort kann gegeben werden: Sicher erlebte Paulus das Damaskusgeschehen als den Bruch mit der alten Zeit; sein neues, eigentliches Leben begann. Ungebrochen, weil unaufgearbeitet, übernahm er jedoch in die christliche Zeit sein rigides Selbstwertsicherungssystem. Er wandelte sich nicht nur vom Juden zum Christen, sondern vom tadellosen Pharisäer zum womöglich exklusiven Apostel Christi.

2.4. Beziehung auf das eigene Leben

Der vorchristliche Paulus stellt die Frage nach je eigenen nach Überlegenheit strebenden Ausdrucksformen.

– Gibt es Situationen, in denen ich mein Verhalten als Versuch erkenne, Überlegenheit über andere oder deren Unterlegenheit anzustreben?
– Folgt mein Verhalten einem Handlungsbewertungssystem, dessen Hintergrund eine übersteigerte Sorge um meinen eigenen Wert bestimmt? Welche Forderungen stelle ich an mich? Welche konkreten Ziele verfolge ich?
– Wird meine Bewegung von einem fiktiven Ziel bestimmt? Kann ich mein Ziel im Spiegel des für Paulus angenommenen Ziels der alleinigen Selbstwerterhaltung erkennen?

– Bietet mir die Frage des Ich in Röm 7, die von der Ostererfahrung des Paulus her formuliert ist – „Wer wird mich erlösen aus diesem Leib des Todes? Dank sei Gott durch Jesus Christus [...]" (Röm 7,24–25a) – eine neue Perspektive?

3. Der Besessene aus Gerasa (Mk 5,1–20)

3.1. Hinführung

Die Erzählung von der wundersamen Heilung des Geraseners gibt eine Vielzahl von Rätseln auf.[83] Sie klinge, so schreibt *Hermann Gunkel,* „[...] wie ein nicht ohne Humor erdichtetes Zaubermärchen."[84] *Rudolf Bultmann* erkennt „ein[en] volkstümliche[n] Schwank", der auf Jesus übertragen worden sei.[85] Mk 5,1–20 hat wie kaum eine andere Wundergeschichte die

---

83 Lit.: A. Annen, Heil für die Heiden. Zur Bedeutung und Geschichte der Tradition vom besessenen Gerasener (Mk 5,1–20 parr.), FThSt 20, Frankfurt/M. 1976; E. Drewermann, Das Markusevangelium. Erster Teil: Mk 1,1–9,13, Olten/Freiburg i.Br. (1987) [6]1990, 360–365; ders., Tiefenpsychologie und Exegese II. Die Wahrheit über Werke und Worte: Wunder, Vision, Weissagung, Apokalypse, Geschichte, Gleichnis, Olten/Freiburg i.Br. 1985, 247–277; J. Frey, Eugen Drewermann und die biblische Exegese. Eine methodisch-kritische Analyse, WUNT II/71, Tübingen 1995, 247–77; J. Gnilka, Das Evangelium nach Markus, 1. Teilband. Mk 1–8,26, EKK II/1, Neukirchen–Vluyn 1978, z.St.; M. Kassel, Sei, der du werden sollst. Tiefenpsychologische Impulse aus der Bibel, München 1982, 102–110; G. Lohfink/R. Pesch, Tiefenpsychologie und keine Exegese. Eine Auseinandersetzung mit Eugen Drewermann, SBS 129, Stuttgart 1987, 56–70; G. Lüdemann, Texte, 116–125; H. Lührmann, z.St.; H. Merklein, Die Heilung des Besessenen von Gerasa (Mk 5,1–20). Ein Fallbeispiel für die tiefenpsychologische Deutung E. Drewermanns und die historisch kritische Exegese, in: F. Segbroeck/C.M. Tuckett/G. v. Belle/J. Verheyden (Hg.), The Four Gospels 1992 (FS F. Neirynck), II, Leiden 1992, 1017–1037; R. Pesch, Der Besessene von Gerasa. Entstehung und Überlieferung einer Wundergeschichte, SBS 56, Stuttgart 1972; ders., Das Markusevangelium. I. Teil. Einleitung und Kommentar zu Kap. 1,1–8,26, HThK II, Freiburg/Basel/Wien 1977, z.St.; W. Schmithals, Das Evangelium nach Markus. Kapitel 1–9,1, ÖTK 2/1, Gütersloh 1979, z.St.
84 H. Gunkel, Das Märchen im Alten Testament. Religionsgeschichtliche Volksbücher II 23/26, Göttingen 1926, 87.
85 R. Bultmann, Geschichte, 225.

Phantasie der Exegeten angeregt[86] (und sie ermutigt, das ganze Repertoire exegetischer Methoden zu testen),[87] gleichwohl zeige sie sich, so wird bilanziert, den exegetischen Versuchen gegenüber als äußerst widerspenstig[88] (und der gläubigen Betrachtung gegenüber als Zumutung).[89]

Abb. 3: Die Heilung des Besessenen von Gerasa, Mailand, um 968, Elfenbein, 12,8 × 11,7 cm, Hessisches Landesmuseum Darmstadt; © Hessisches Landesmuseum Darmstadt.

86 So wird beispielsweise gerätselt, wie es dazu kam, dass die Schweine in den See rasten und dort ertranken, obgleich Schweine schwimmen können. H.J. Holtzmann (Die Synoptiker, HCNT I.1, Tübingen ³1901, 134) vermutet eine „Massenwirkung" aufgrund eines letzten Tobsuchtsanfalls des Geraseners. P. Gaechter, Das Matthäusevangelium, Innsbruck 1964, 282f, stellt sich vor, „[…] daß die Schweine gleichzeitig zum Wasser drängten, einander übersprangen, bissen, zertrampelten und so im Wasser den Tod fanden."
87 Vgl. H.K. Berg, 77–87.109–113.132–135.159–164.188–192.218–223. 242–246.265–267.291–296.324–328.350–362.379–382.400f.
88 Vgl. R. Pesch, Besessene, 11.
89 So schon D.F. Strauß, Das Leben Jesu für das deutsche Volk bearbeitet II, Bonn ⁶1891, 183.

3.2. Biblisch-theologische Erschließung

(1) Und sie kamen an das jenseitige Ufer des Sees in die Gegend der Gerasener. (2) Und als er aus dem Boot ausstieg, kam ihm sogleich von den Gräbern her ein Mensch entgegen mit einem unreinen Geist, (3) der seine Wohnung in den Grabhöhlen hatte. Und nicht einmal mit einer Kette konnte man ihn binden; (4) denn er war oft mit Fesseln und Ketten gebunden gewesen und hatte die Ketten zerrissen und die Fesseln zerrieben; und niemand hatte die Kraft, ihn zu bändigen. (5) Und er war allezeit, Tag und Nacht, in den Grabhöhlen und auf den Bergen, schrie und schlug sich mit Steinen.

(6) Als er aber Jesus von ferne sah, lief er hinzu und fiel vor ihm nieder (7) und schrie mit lauter Stimme: „Was habe ich mit dir zu tun, Jesus, du Sohn Gottes, des Höchsten? Ich beschwöre dich bei Gott: Quäle mich nicht!" (8) Denn er hatte zu ihm gesagt: „Fahre aus, du unreiner Geist, aus dem Menschen!" (9) Und er fragte ihn: „Was ist dein Name?" Und er sprach: „Legion ist mein Name, denn wir sind viele." (10) Und er bat Jesus sehr, dass er sie nicht aus der Gegend vertreibe. (11) Es war aber dort an den Bergen eine große Herde Schweine am Weiden. (12) Und sie baten ihn und sprachen: „Schicke uns in die Schweine, damit wir in sie hineinfahren!" (13) Und er erlaubte es ihnen. Da fuhren die unreinen Geister aus und fuhren in die Schweine hinein, und die Herde stürmte den Abhang hinunter in den See, etwa zweitausend, und sie ertranken im See.

(14) Und die Hirten flohen und verkündigten es in der Stadt und auf dem Lande. Und sie kamen, um zu sehen, was geschehen war, (15) und sie kamen zu Jesus und sahen den Besessenen dasitzen, bekleidet und vernünftig, den, der die Legion gehabt hatte; und sie fürchteten sich. (16) Und die es gesehen hatten, erzählten ihnen, was mit dem Besessenen geschehen war, und das von den Schweinen. (17) Und sie fingen an und baten Jesus, aus ihrem Gebiet fortzugehen.

(18) Und als er in das Boot einstieg, bat ihn der Besessene, dass er bei ihm bleiben dürfe. (19) Aber er ließ es nicht zu, sondern sprach zu ihm: „Geh hin in dein Haus zu den Deinen und verkündige ihnen, was dir der Herr getan und wie er sich deiner erbarmt hat." (20) Und er ging hin und fing an, in der Dekapolis auszurufen, was ihm Jesus getan hatte; und alle staunten.

Mk 5,1–20 ist die längste Wundergeschichte im Neuen Testament. Wie bereits Mk 1,21–28 – als erstes Wunder im Markusevangelium – steht auch die Gerasenererzählung an herausgehobener Stelle. Mit der Seesturmerzählung 4,35–41 als

117

Einleitung folgt sie einer Sammlung von drei Gleichnissen (4,1–25; 4,26–29; 4,30–34) und stellte den Beginn eines Wunderzyklus' dar (4,35–5,43). Das Feld der Personen entspricht dem des ersten markinischen Exorzismusberichts 1,21–28 (Jesus, der kranke Mensch, der Dämon, die anwesenden Zuschauer), wenn auch hier – anders als in 1,21–28 – der von den Dämonen befreite Mensch zuletzt selbst Handelnder ist (V. 20).

Die Erzählung enthält eine große Zahl sprachlicher und stilistischer Auffälligkeiten, von denen hier allerdings nur die Spannung zwischen V. 19 und V. 20 von Bedeutung ist. Als Handelnder wird V. 19 „der Herr", V. 20 aber „Jesus" genannt. Der Geheilte erhält den Auftrag, nach Hause zu gehen, nach V. 19 verkündigt er aber in der Dekapolis. Da die Möglichkeit redaktioneller Bildung von V. 20 durch den Evangelisten auszuschließen ist, ist mit vormarkinischer Redaktion, die eine Ausrichtung des Berichts auf die Heidenmission beabsichtigte, zu rechnen. Dies war für Markus im Abschnitt 1,16–5,43 (Jesus in Galiläa) nicht interessant; er konnte den Perikopenabschluss problemlos übernehmen. Seine Vorlage entstammte höchstwahrscheinlich einer Sammlung von Wundergeschichten.

Einzelanalysen

V. 1–5: Der eigentliche Bericht beginnt, nach dem einleitenden V. 1, mit der Begegnung Jesu mit dem Besessenen (V. 2.3a). Die Beschreibung des besessenen Menschen (V. 2b–5 auf der Grundlage von Jes 65 LXX) soll *zum einen* dessen Unreinheit (er hat einen unreinen Geist: V. 2b; er wohnt in Grabhöhlen: V. 3.5; vgl. Lev 21,1–4; 22,4; Num 19,11–16; Ez 43,7), *zum anderen* die Macht des Dämons (vgl. bes. V. 5: der selbstzerstörerische Mensch ist nur noch das Instrument des Dämons) verdeutlichen.

V. 6–13: Die Auseinandersetzung Jesu mit dem Dämon beginnt mit dem Herbeilaufen des Besessenen (= des Dämons) mit anschließendem Kniefall (V. 6). Der Besessene äußert sich mit der Abwehrformel „Was habe ich mit dir zu tun?", mit der direkten Anrede Jesu und mit einem Beschwörungsversuch. Proskynese und Titulation Jesu als „Sohn Gottes" zeigen das Eingeständnis, dass Jesus der Überlegene ist. Der anschließende Beschwörungsversuch ist ein Bild für die Ausweglosigkeit des

Dämons.[90] V. 8 hat den Charakter einer nachgetragenen Begründung für V. 7c. Gegen die Ursprünglichkeit des Verses spricht, dass ein solches Gespräch, wie es der Dämon V. 7 beginnt, die sofortige Wirksamkeit des Ausfahrbefehls Jesu widerlegen würde.[91] Ob die Einfügung von V. 8 markinisch[92] oder vormarkinisch[93] ist, lässt sich nicht klären. Die Merkwürdigkeit, dass der Dämon den Namen Jesu kennt, dieser aber den Namen des Dämons nicht, resultiert aus der Absicht des Erzählers, den Namen des Dämons an dieser Stelle zur Sprache zu bringen (V. 9): Legion. Der Name und der in den weiteren Äußerungen des Dämons vorkommende Plural soll dem Leser dessen Stärke und Macht (im Besessenen haust geradezu ein Heer von Dämonen) vor Augen führen. Zwischen der ersten (V. 10) und zweiten (V. 12) Konzessionsbitte des Dämons wird das Motiv der Schweine eingeführt, das wesentlich die Aufgabe hat, die Faktizität des erfolgten Exorzismus' darzustellen. Die Dämonen übertragen ihr selbstzerstörerisches Treiben auf die Schweine, deren Ertrinken sie letztlich ihrer neuen Behausung beraubt (V. 13). Die Zahl 2000 weist noch einmal auf die Stärke des Dämons hin.

V. 14–17: Es folgt eine zweite Konstatierung der Faktizität in vier Motiven (= durch vier Indizien): der Bericht der Hirten (V. 14a), das Herbeikommen der Leute (V. 14b), der bekleidet und vernünftig dasitzende Mensch und die nochmalige Erwähnung der Schweine (V. 15). Das Admirationsmotiv (ein Staunen wäre hier zu erwarten; vgl. V. 20; Mk 1,27) ist durch das Motiv der Furcht (V. 14) und Ablehnung Jesu ersetzt worden. Der Grund der heftigen Reaktionen der Augenzeugen ist, „[...] daß dieser Exorzist ihnen unheimlich geworden ist", weil sie „die Bedeutsamkeit des Wunders zu sehen, nicht imstande waren."[94]

---

90 J. Gnilka, 204.
91 E. Haenchen, Der Weg Jesu. Eine Erklärung des Markusevangeliums und der kanonischen Parallelen, Berlin ²1968, 192f.
92 So z.B. R. Bultmann, Geschichte, 224; M. Dibelius, 80.
93 So D.-A. Koch, Die Bedeutung der Wundererzählungen für die Christologie des Markusevangeliums, BZNW 42, Berlin/New York 1975, 64.
94 J. Gnilka, 206.

V. 18–20: Die Bitte des Geheilten wird von Jesus abgelehnt; er wird vielmehr beauftragt, nach Hause zu gehen und zu berichten, welch große Wohltat ihm der Herr getan und wie er sich seiner erbarmt hat. Die Verbindung von Kyrios und Erbarmen ergibt, dass Gott als der Handelnde verstanden wird.

Die ursprünglichen Vorstellungen, die mit dem Bericht verbunden waren, können benannt werden:

– Jesus treibt einen besonders starken Dämon aus.
– Gottes Handeln bewirkt das Wunder.

Im Unterschied zu Mk 1,21–28 verbindet 5,1–20 Motive aus exorzistischen Ritualen mit solchen aus Heilungswundererzählungen.[95] Im Vergleich zum Schema jüdischer und hellenistischer Exorzismusberichte (z.B. JosAnt VIII 45–49; PhilostrVitAp IV 20), dem Mk 1,21–28 sehr genau entspricht, fehlen hier (wahrscheinlich ursprünglich) wesentliche topische Elemente: Drohung, Schweigegebot und Ausfahrbefehl.[96] *Martin Dibelius* bezeichnet die Erzählung als „Epiphaniegeschichte, in [der] die göttliche Kraft des göttlichen Wundertäters sichtbar erscheint."[97] In diesem Sinn hat sie eine deutliche, wenn nicht geradezu modellhafte Ausrichtung auf die (Heiden-)Mission.

3.3. Lebensstilorientierte Annäherung

3.3.1. Identifizierung der Ausdrucksformen

Die Ausdrucksformen des Besessenen (V. 2–5) und des Geheilten (V. 6.15–20) (im Folgenden kursiv) sind deutlich voneinander zu trennen:

V. 2–5:

– Und als er aus dem Boot ausstieg, *kam ihm* sogleich *von den Gräbern her ein Mensch entgegen mit einem unreinen Geist, der seine Wohnung in den Grabhöhlen hatte. Und nicht einmal mit einer Kette konnte man ihn binden* (V. 1–3),

95 R. Bultmann, Geschichte, 236–239.
96 G. Theißen, Wundergeschichten, 279.
97 M. Dibelius, 91.

– denn *er war oft mit Fesseln und Ketten gebunden gewesen und hatte die Ketten zerrissen und die Fesseln zerrieben; und niemand hatte die Kraft, ihn zu bändigen.* (5) *Und er war allezeit, Tag und Nacht, in den Grabhöhlen und auf den Bergen, schrie und schlug sich mit Steinen* (V. 4f).

V. 6.15–20:

– *Als er aber Jesus von ferne sah, lief er hinzu und fiel vor ihm nieder* […] (V. 6)
– […] und sie kamen zu Jesus und sahen *den Besessenen dasitzen, bekleidet und vernünftig,* den, der die Legion gehabt hatte; und sie fürchteten sich. (V. 15)
– Und als er in das Boot einstieg, *bat ihn der Besessene, dass er bei ihm bleiben dürfe.* (V. 18)
– *Und er ging hin und fing an, in der Dekapolis auszurufen, was ihm Jesus getan hatte;* und alle staunten. (V. 20)

3.3.2. Identifizierung einer einheitlichen Dynamik

Die erste und bislang einzige individualpsychologische Auslegung hat *Fritz Künkel* vorgelegt.[98]

Künkel bespricht die matthäische Bearbeitung der Gerasenererzählung (Mt 8,28–34). Die wesentlichen Merkmale dieser Bearbeitung seien kurz genannt. Matthäus berichtet von Beginn an von zwei Besessenen. Im Mittelpunkt seiner gekürzten Fassung steht die Überlegenheit des Gottessohnes. Den Abwehrversuch des Dämons in Mk 5,7 hat Matthäus als Ausdruck der Macht des Gottessohnes schon vor der endgültigen Gottesherrschaft erweitert: „Bist du gekommen, um uns schon vor der Zeit zu quälen?" (V. 29b). Die Heilung der Besessenen gerät durch die matthäische Bearbeitung in den Hintergrund; die Entmachtung der Dämonen zu demonstrieren, ist das zentrale Anliegen.

Künkel deutet zunächst Gardara (V. 1) als „ein Gebiet der Dunkelheit und des Schreckens" (148f), als Ausdruck des „niederen Lebens" leiblicher Existenz (ebd.). Diesem stehe das „höhere Leben" aufgrund geistlicher Entwicklung gegenüber.

---

98 F. Künkel, 148–151. Nachweise werden im Text gegeben.

Der Riss zwischen beiden Seinsformen müsse überwunden werden; er durchziehe sowohl die äußere als auch die innere Wirklichkeit des Individuums. *Künkel* sieht die Namensnennung „Legion" (Mk 5,9; Lk 8,30) als Kennzeichnung solcher Zerrissenheit:

Normale Menschen unserer Tage, die durch Krisen ihrer geistlichen Entwicklung gehen, bemerken oft in Träumen, Visionen oder sogar in alltäglicher Erfahrung, daß sie von einer gegenwärtigen negativen Macht beobachtet oder bedroht werden. Sie wird gewöhnlich als schattenhaftes Wesen oder als Geist beschrieben. Die Primitiven nennen sie den Teufel und schwören, daß er hinter ihnen stehe und daß sie ihn berühren könnten, wenn sie wollten. Die Zivilisierten sprechen von einer furchtbaren Vision und behaupten, daß sie aus ihnen selber komme, als liege dort ein Drache auf der Lauer. In allen Fällen scheint es sich zunächst um einen Boten der Dunkelheit zu handeln. Später wird er oft durch zahlreiche böse Geister, Tiere oder Kobolde ersetzt. Selbst vor Beginn der Krise träumen viele Menschen, daß sie von Tausenden von Ameisen oder Mäusen bedrängt würden. Dies entspricht der Aussage des Besessenen bei Markus und Lukas (Mark. 9,5): Mein Name ist Legion, denn wir sind viele. (150)

Der soeben beschriebene Riss lasse sich schließen. Die Legion erweise sich „als verkleidete schöpferische Kräfte", die durch Ausdauer, Verständnis und Liebe freigemacht werden könnten (ebd.). In der matthäischen Fassung der Gerasenererzählung erkennt *Künkel* sodann das tiefer wurzelnde Böse, den größeren Riss:

Die Besessenen verkörpern den völligen Wahnsinn, das Spaltungsirresein der Spaltung selber. Die Kluft zwischen dem bewußten und unbewußten Geist, zwischen dem Einzelnen und der Gemeinschaft, zwischen der Welt und Gott wird in den beiden Besessenen dargestellt, die besessen sind, weil sie zwei sind. Solange sie zwei sind, werden sie ohne Beziehung zueinander handeln, jeder in seiner besonders krankhaften Art, niemand kann sie veranlassen, zusammenzuarbeiten. Sie werden alles zerstören, schließlich sogar sich selbst. (151)

Die Heilung der Besessenen geschehe in der Überwindung der Dualität der Zerstörung. Jesus, als Repräsentant der Einheit der erlösten Schöpfung, verwandele die negativen Kräfte in positive, so dass an die Stelle der Spaltung die Ganzheit trete. Die Einfahrt der Dämonen in die Schweine und deren Ende im See (V.

32) beschreibe den für die Höherentwicklung notwendigen Verzicht auf bestimmte Fähigkeiten, Kräfte oder Möglichkeiten um anderer, wichtigerer willen. Die Bereitschaft zu verzichten, sei Grundvoraussetzung aller Entwicklung.

Es ist deutlich, dass *Künkel* der bereits (o., S. 49f) beschriebenen Gefahr der selektiven Wahrnehmung des Textes unterliegt. Einerseits gerät der Text nur punktuell in den Blick, andererseits fungiert er als Bestätigung der *Künkelschen* These einer immer wieder neuen Störung der individuellen Lebenswirklichkeit, genauer: des Widerspruchs zwischen den persönlichen Zielen des Individuums und der Zweckhaftigkeit des Ganzen. Diesen Widerspruch erkennt *Künkel* in den *zwei* Besessenen der matthäischen Fassung. Indem *Künkel* die Störung der individuellen Lebenswirklichkeit voraussetzt und konstatiert, ihre Überwindung geschehe allein durch Gnade und sei letztlich ein Wunder, kommt ein Vorverständnis zur Wirkung, das eine intersubjektiv nachvollziehbare Auslegung nicht zulässt.

Anders als später *Künkel*, sieht *Adler* das Individuum als ein unteilbares Ganzes an, dessen Lebensstil eine einheitliche Dynamik zeige.

Die Gerasenererzählung veranschaulicht dann als ein auf die Mission ausgerichtetes Modell in erstaunlicher Vollständigkeit die beiden möglichen grundsätzlichen Ausprägungen der Dynamik eines Individuums:

– Die Bewegung des Besessenen ist pessimistisch, d.h. von Entmutigung geprägt, und konkretisiert sich in der Abwendung vom anderen, beginnend mit dem Bemühen, erhöhte Aufmerksamkeit zu erlangen, über das Trachten nach Überlegenheit und Unterlegenheit anderer bis hin zum Streben nach völliger Distanz.
– Die Bewegung des Geheilten ist optimistisch, d.h. von Ermutigung geprägt, und konkretisiert sich in einer Hinwendung zum anderen, in der Bewegung von der Kommunikation über die Partizipation und die Kontribution zur Kooperation.

Die Hypothese zum Ziel soll zunächst nur im Blick auf Mk 5,1–5 formuliert werden.

3.3.3. Hypothese zum Ziel

Hier können die o., S. 31, genannten Stufen der Entmutigung als Hypothese zum Ziel herangezogen werden:

- Der Gerasener strebt nach erhöhter Aufmerksamkeit. Er glaubt nur dann etwas wert zu sein, wenn er besonders beachtet wird.
- Der Gerasener strebt nach eigener Überlegenheit. Er glaubt nur dann etwas wert zu sein, wenn er andere dominieren kann.
- Der Gerasener strebt nach Unterlegenheit der anderen. Er hat die Hoffnung auf angemessene Beachtung aufgegeben und sucht Vergeltung.
- Der Gerasener sucht Distanz. Er fühlt sich unfähig zur Kooperation mit anderen, er hält sich für unfähig, Gutes zu leisten.

3.3.4. Lebensstilorientierte Deutung der Ausdrucksformen

V. 1–5: Die Stufen entmutigten Verhaltens
In der Regel wird das Phänomen der Besessenheit wesentlich als eine intrapersonale Zerrissenheit gedeutet.[99] Das mit der Unreinheit des Geraseners gleichzusetzende Verhalten (er wohnt in den Grabhöhlen) beschreibt ebenso wie das auf seine Besessenheit zurückzuführende Handeln (er zerreißt die Ketten, zerreibt die Fesseln, schreit und schlägt sich mit Steinen) eine einheitliche Bewegung in Richtung einer zunehmenden Distanzierung von der Gemeinschaft.[100] Hier steht demnach eine interpersonale Zerrissenheit im Vordergrund.

Die Distanz zwischen dem Gerasener und seinem sozialen Umfeld hat sich im Laufe der Zeit erheblich vergrößert. Zunächst hat er die äußere Distanz noch dadurch zu überwinden vermocht, dass er durch sein Schreien Aufmerksamkeit erregte (vgl. V. 5b). Anfangs war es auch möglich, ihn zu binden (V. 4a). Später gelang dies nicht mehr; nicht einmal mit einer Kette konnte man ihn binden (δῆσαι). Er war den anderen über-

---

99 So z.B. die Auslegungen E. Drewermanns, 247–277, und M. Kassels, 102–110.
100 Anders H. Merklein, 1034.

legen. Sodann waren die anderen ihm unterlegen: Niemand hatte die Kraft, ihn zu bändigen (δαμάσαι). Die Steigerung von δῆσαι zu δαμάσαι impliziert den Wechsel der Perspektive. Aus der Überlegenheit des Geraseners wird die Unterlegenheit der anderen.

Schließlich endet die Beschreibung, indem der Gerasener als sich selbst zerstörender und damit in äußerster Distanz zu seiner Umwelt lebender Mensch dargestellt wird. Er hat die Hoffnung auf angemessene Beachtung aufgegeben und richtet sein Ziel, Vergeltung zu suchen, schließlich gegen sich selbst: Er schlug sich mit Steinen (V. 5b).

3.3.5. Fazit

Die Geschichte zeichnet in den V. 1–5 das Bild eines schwer entmutigten Menschen in seiner Zeit ante Christum. Die Suche nach Vergeltung kennzeichnet seinen Lebensstil. Aufgrund seiner Glaubenserfahrung, die mit V. 6 bereits vorbereitet wird, korrigiert der Geheilte seinen Lebensstil.

3.3.6. Ausblick

V. 6–20

V. 6–14a: Kommunikation als erste Stufe ermutigten Verhaltens
Ein letzter Rest verschütteter sozialer Aktivität kommt beim Anblick Jesu zum Vorschein. Der Gerasener ergreift die Initiative und stellt eine Beziehung zum Heiler her. Das Hinzulaufen, spätestens der Kniefall ist zweifellos eine Form nonverbaler Kommunikation (V. 6). Noch ist es der Mensch, der handelt. In V. 7–13 handelt der Dämon durch den Gerasener (Abwehrformel, Konzessionsbitten, Namensnennung), schließlich handeln die Dämonen durch die Schweine. Der gesamte Abschnitt lässt eine lebensstilorientierte Erschließung im Blick auf den Gerasener nicht zu, da dessen Verhalten nicht beschrieben wird. Am Text zu belegen ist allein die V. 6 geschilderte Aktivität des Geraseners, die freilich den Fortgang der Geschichte und die Heilung erst möglich machte.

V. 14b–18: Partizipation und Kontribution als weitere Stufen ermutigten Verhaltens

Die herbeikommenden Leute sehen den Gerasener, wie er dasitzt, bekleidet und vernünftig ist. Damit ist die äußere Distanz zu seiner sozialen Umwelt überwunden, indem der ehemals Außenstehende nun diejenigen Eigenschaften zeigt, die zur Teilnahme an der Gemeinschaft erforderlich sind.[101] Äußerlich unterscheidet ihn nichts von den anderen. Der Gerasener gerät in V. 16f abermals aus dem Blick. Die Reaktion der Augenzeugen bezieht sich allein auf das Wunder. Schließlich aber bietet der Geheilte an, selbst einen Beitrag zu leisten, indem er bei Jesus bliebe. Obgleich es nicht sicher zu belegen ist, scheint der Wunsch des Geraseners doch in Richtung einer Mitarbeit am Werk Jesu zu gehen.

V. 19f: Kooperation als höchste Stufe ermutigten Verhaltens

Die Antwort Jesu schränkt die Möglichkeit der Kontribution ein und eröffnet sogleich jene der eigenverantwortlichen Kooperation, die der Gerasener sodann ergreift.

3.4. Beziehung auf das eigene Leben

Der markinische Exorzismusbericht lässt sich als „Ermutigungsgeschichte" lesen. Der Gerasener zeigt vor seiner Heilung die Züge eines schwer entmutigten Menschen, wie sie teils im Blick auf den vorchristlichen Paulus (in seiner aggressiven Sicherungsstrategie), teils im Blick auf den vorösterlichen Petrus (in seiner Strategie der Distanz) herausgearbeitet werden konnten. Die Bewegungslinie des Geheilten hat dann eine neue Richtung. Die Überwindung der Mangellage gelingt durch ein Verhalten, das durch eine stetige Zunahme an Gemeinschafts-

---

101 Vgl. A. Adler, Menschenkenntnis, 42: „Ein Idealbild, nach dem wir den einzelnen messen, kommt nur unter Berücksichtigung seines Wertes, seines Nutzens für die Allgemeinheit zustande. Womit wir den einzelnen vergleichen, ist das Idealbild eines Gemeinschaftsmenschen, eines Menschen, der die vor ihm liegenden Aufgaben in einer allgemeingültigen Art bewältigt, eines Menschen, der das Gemeinschaftsgefühl so weit entwickelt hat, daß er – nach einem Ausspruch von Furtmüller – ‚Die Spielregeln der menschlichen Gesellschaft befolgt'."

gefühl gekennzeichnet ist. Der Gerasener ist zum Schluss fähig, eigenverantwortlich am Werk der Mission mitzuarbeiten; er ist in der Lage zu kooperieren.

Doch zunächst stellt er die Frage nach je eigenen entmutigten Ausdrucksformen.

– Gibt es Situationen, in denen ich mein Verhalten als Versuch erkenne, meine sozialen Kontakte schrittweise einzuschränken?
– Legitimiere ich mein Verhalten damit, dass ich die Hoffnung auf angemessene Beachtung weitgehend aufgegeben habe? Welche Forderungen stelle ich? Welche konkreten Ziele verfolge ich?
– Wird meine Bewegung von einem fiktiven Ziel bestimmt? Kann ich mein Ziel im Spiegel des für den Gerasener angenommenen Ziels, Vergeltung zu suchen, erkennen?
– Bietet mir der Ausruf des Geraseners – „Was habe ich mit dir zu tun, Jesus, du Sohn Gottes, des Höchsten?" (Mk 5,7) – eine neue Perspektive?

4. Maria aus Magdala (Joh 20,1–18)

4.1. Hinführung

Hans Windisch sieht in den „[…] johanneischen Ostergeschichten […] ein Mosaik von Perikopen, wie es sonst bei Johannes nicht vorkommt. Gleichwohl sind die Unstimmigkeiten nicht störend. In Kap. 20 macht sich reichlich Abwechslung und eine gewisse Steigerung geltend."[102] Einen deutlich anderen Eindruck gewinnt *Jürgen Becker* im Blick auf Joh 20,1–18.[103] Der mit Recht als besonders schwierig empfundene Abschnitt zeige vielfältige Widersprüche und Ungereimtheiten, die

102 H. Windisch, Der johanneische Erzählungsstil, in: Euchariston (FS H. Gunkel), 2. Teil, FRLANT 36, Göttingen 1923, (174–213) 206.
103 Lit.: C.K. Barret, z.St.; W. Bauer, z.St.; J. Becker, Das Evangelium nach Johannes. Kapitel 11–21, ÖTK 4/2, Gütersloh ³1993, z.St.; P. Benoit, Marie-Madeleine et les Disciples au Tombeau selon Joh 20,1–18, in: W. Eltester (Hg.), Judentum – Urchristentum – Kirche (FS J. Jeremias),

[...] [n]ur ganz mühsam [...] durch die Einheit von Zeit und Ort (20,1.3.11) und durch die dramatische Steigerung in der Ostererfahrung (erst das leere Grab, dann die Angelophanie und – gewichtig am Schluß – die Begegnung mit dem Auferstandenen selbst) zusammengehalten [werden].[104]

4.2. Biblisch-theologische Erschließung

(1) Am ersten Tag der Woche kommt Maria von Magdala früh, als es noch dunkel war, zum Grab und sieht, dass der Stein vom Grab weggenommen war. (2) Da läuft sie und kommt zu Simon Petrus und zu dem anderen Jünger, den Jesus lieb hatte, und sie sagt zu ihnen: „Sie haben den Herrn aus dem Grab weggenommen, und wir wissen nicht, wo sie ihn hingelegt haben."

(3) Da ging Petrus und der andere Jünger hinaus, und sie kamen zum Grab. (4) Es liefen aber die zwei zusammen, und der andere Jünger lief voraus, schneller als Petrus, und er kam als erster zum Grab. (5) Er beugte sich vor und sieht die Leinentücher liegen; er

BZNW 26, Berlin 1960, 141–152; F. Bovon, Le Privilège Pascal de Marie-Madeleine, in: NTS 30, 1984, 50–62; R. Bultmann, Evangelium, z.St.; E. Drewermann, „Ich steige hinab in die Barke der Sonne". Alt-Ägyptische Meditationen zu Tod und Auferstehung in Bezug auf Joh. 20/21, Olten/Freiburg i.Br. ⁵1992, 155–184.278–290; E. Haenchen, Das Johannesevangelium. Ein Kommentar. Aus den nachgelassenen Manuskripten hg. von U. Busse, Tübingen 1980, z.St.; S. Heine, Eine Person von Rang und Namen. Historische Konturen der Magdalenerin, in: D.-A. Koch/S. Sellin/A. Lindemann (Hg.), Jesu Rede von Gott und ihre Nachgeschichte im frühen Christentum. Beiträge zur Verkündigung Jesu und zum Kerygma der Kirche (FS W. Marxen), Gütersloh 1989, 179–194; M. Hengel, Maria Magdalena und die Frauen als Zeugen, in: O. Betz/M. Hengel/P. Schmidt (Hg.), Abraham unser Vater. Juden und Christen im Gespräch über die Bibel (FS O. Michel), AGJU 5, Tübingen 1963, 243–256; G. Lüdemann, Auferstehung, 186–202; ders., Träume – die vergessene Sprache Gottes? Zur tiefenpsychologischen Exegese Eugen Drewermanns, in: MD 4/1990, 67–72; R. Schnackenburg, Das Johannesevangelium, III. Teil. Kommentar zu Kap. 13–21, HThK IV, Freiburg/Basel/Wien ⁵1986, z.St.; L. Schottroff, Maria Magdalena und die Frauen am Grabe Jesu, in: EvTh 42, 1982, 3–5; H. Windisch, Erzählungsstil; D. Zeller, Der Ostermorgen im 4. Evangelium, in: L. Oberlinner (Hg.), Auferstehung Jesu – Auferstehung der Christen, Freiburg 1986, 145–161.

104 J. Becker, 714.

ging aber nicht hinein. (6) Da kam nun auch Simon Petrus, der ihm gefolgt war, und ging in das Grab hinein. Und er sieht die Leinentücher dort liegen, (7) aber das Schweißtuch, das Jesus um das Haupt gebunden war, lag nicht bei den Leinentüchern, sondern daneben, zusammengewickelt, an einem (besonderen) Ort. (8) Da ging nun auch der andere Jünger hinein, der als erster zum Grab gekommen war, und er sah und glaubte. (9) Denn sie verstanden die Schrift noch nicht, dass er von den Toten auferstehen muss. (10) Da kehrten die Jünger nun wieder nach Hause zurück.

(11) Maria aber stand draußen vor dem Grab und weinte. Als sie nun weinte, beugte sie sich in das Grab vor. (12) Und sie sah zwei Engel in weißen Gewändern sitzen, einen am Kopf und den anderen zu den Füßen, wo der Leichnam Jesu gelegen hatte. (13) Und die sprachen zu ihr: „Frau, warum weinst du?" Sie spricht zu ihnen: „Sie haben meinen Herrn weggenommen, und ich weiß nicht, wohin sie ihn gelegt haben." (14) Und als sie dies sprach, wandte sie sich nach hinten um und sieht Jesus dastehen, wusste aber nicht, dass es Jesus ist. (15) Spricht Jesus zu ihr: „Frau, warum weinst du? Wen suchst du?" Sie meint, es sei der Gärtner, und sagte zu ihm: „Herr, hast du ihn weggetragen, so sage mir, wohin du ihn gelegt hast, und ich will ihn holen." (16) Sagt Jesus zu ihr: „Maria!" Sie wandte sich um und spricht zu ihm auf hebräisch: „Rabbuni!", das heißt: Meister! (17) Sagt Jesus zu ihr: „Rühre mich nicht an, denn ich bin noch nicht aufgestiegen zum Vater. Gehe aber zu meinen Brüdern und sage ihnen: Ich steige auf zu meinem Vater und zu eurem Vater, zu meinem Gott und zu eurem Gott." (18) Maria von Magdala geht und verkündigt den Jüngern: „Ich habe den Herrn gesehen", und er habe ihr dies gesagt.

Der Grabbesuch des Petrus und des Lieblingsjüngers und die Erscheinung vor Maria Magdalena folgen problemlos der zuvor geschilderten Grablegung Jesu (19,38–42). Die Erscheinung vor den Jüngern (20,19–23) und die Erscheinung vor Thomas (20,24–29) schließen sich ebenso problemlos an.

Textimmanente Auffälligkeiten deuten zunächst daraufhin, dass mit V. 3–10 eine Tradition nachträglich mit jener von der Erscheinung vor Maria (V. 1f.11–18) verbunden wurde:

– Nach V. 2 verlässt Maria den Ort des Grabes, nach V. 11 aber steht sie genau dort, „[…] als hätte sich das V. 3–10 Erzählte nicht ereignet."[105]

---

105 R. Bultmann, Evangelium, 528.

- V. 3–10 und V. 11–18 stehen beziehungslos nebeneinander: Wo sind in V. 5–7 die Engel (vgl. V. 12f)? Warum sieht Maria in V. 12 die Leinentücher nicht (vgl. V. 5–7)? Warum werden in V. 11–18 Petrus und der Lieblingsjünger nicht mehr genannt?
- Im Unterschied zu Maria (V. 2.13.15.16.18) bleiben Petrus und der Lieblingsjünger stumm.[106]

Geht man nun davon aus, dass V. 3–10 ein sekundärer Zusatz ist, wird die redaktionelle Bearbeitung von V. 2 auf denjenigen Redaktor zurückgehen, der die Tradition in V. 1f.11–18 eingefügt hat. Die Einfügung erforderte es mindestens, die Gestalt des Lieblingsjüngers in V. 2a einzusetzen (anstelle der wohl ursprünglichen Angabe „einige Jünger" [Lk 24,24]; zu Petrus vgl. Lk 24,12).

Einzelanalysen

V. 1f: Die Verse haben unübersehbare Ähnlichkeit mit Mk 16,1– 4a. Allerdings ist Maria alleiniges Subjekt (Mk 16,1 nennt drei Frauen; Mt 28,1: zwei Frauen; Lk 24,1: mehrere Frauen), und ihr Gang zum Grab findet früher, noch in der Dunkelheit, statt (Mk 16,2; Mt 28,1; Lk 24,1 jeweils bei Tagesanbruch). Da das Motiv des Ganges nicht genannt wird (Mk 16,1; Lk 24,1 nennen die Salbungsabsicht[107]; Mt 28,1 nennt als Absicht, das Grab zu betrachten), fällt das Fehlen der Frage nach dem Stein (Mk 16,3) nicht auf.

Maria geht nicht sogleich in das Grab (vgl. dagegen Mk 16,5; Lk 24,3), sondern eilt zu Petrus und dem Lieblingsjünger, klagend über die vermeintliche Verlegung des Leichnams und ratlos über den Ort, an den man den Leichnam gebracht haben würde (vgl. dann V. 13.15). Der Plural οἴδαμεν (V. 2b) steht in Spannung zum Singluar οἶδα (V. 13b); die ursprüngliche Tradition vom Gang mehrerer Frauen zum Grab ist hier wohl der Hintergrund.[108]

---

106 Vgl. H. Windisch, 206: V. 3–10 sei ein „pantomimisches Erzählstück".
107 Nach Joh 19,40 kommt die Salbung als Motiv nicht in Betracht.
108 G. Lüdemann, Auferstehung, 187, hält auch einen unechten Plural für möglich.

V. 3–10: Eine Parallele zum Grabbesuch der beiden Jünger bietet Lk 24,12 (vgl. Lk 24,24). Drei Elemente des Ganges finden sich in beiden Stellen:

Lk 24,12: Petrus aber stand auf und lief zum Grab	Joh 20,3: Da ging Petrus und der andere Jünger hinaus, und sie kamen zum Grab.
und bückte sich hinein und sah nur die Leinentücher	20,6b: und er ging in das Grab hinein und sieht die Leinentücher liegen
und ging davon und wunderte sich, was geschehen war.	20,10: Da kehrten die Jünger nun wieder nach Hause zurück.

Das entscheidend Neue ist das Motiv des Wettlaufs (V. 4a–6), das voraussetzt, dass die übrigen Jünger in der Szene fehlen (vgl. dagegen 20,19.24). Die mit dem Motiv verbundene Intention lässt sich nur über die Gestalt des Lieblingsjüngers erhellen.[109]

Ein genauerer Blick auf Joh 21,23 zeigt, dass die Gestalt des Lieblingsjüngers auf eine historische Person zurückgeht:

Joh 21,23:

Es kam nun unter den Brüdern die Rede auf: „Dieser Jünger stirbt nicht." Jesus hatte aber nicht zu ihm gesagt: „Er stirbt nicht", sondern: „Wenn ich will, dass er bleibt, bis ich komme, was geht es dich an?"

Joh 21,3 ist die Negation einer zur Weissagung stilisierten Erwartung.[110] Die Aussage, „er stirbt nicht" (bis zur Ankunft des Auferstandenen), kann nur eine historische Person meinen. Die Notwendigkeit, darstellen zu müssen, dass die Weissagung, „er bleibt, bis ich komme", nicht ergangen ist, konnte sich nur aus dem Ereignis ergeben, dass die betreffende Person inzwischen gestorben war und dies zum Problem wurde. Die Anhänger jener Person hatten die Erwartung, er würde bis zur Parusie am

109 Zur Ursprungs- und Wirkungsgeschichte der Lieblingsjünger-Tradition vgl. M. Günther, Die Frühgeschichte des Christentums in Ephesus, ARGU 1, Frankfurt/M. u.a. ²1998, 88–96.
110 Vgl. R. Bultmann, Evangelium, 554.

Leben bleiben. Diese Erwartung wurde durch seinen Tod bitter enttäuscht.[111] Die Lieblingsjünger-Tradition entstand als Reaktion hierauf. Ihr Inhalt kann folgendermaßen bestimmt werden:

– Trotz seines Todes ist der Betreffende der Bleibende (als direkte Aufnahme der Erwartung und angeblichen Weissagung 21,22f). Weil er der von Jesus Geliebte (1. Epitheton in 21,20) und derjenige, der ihm am nächsten stand (2. Epitheton in 21,20; vgl. 13,23–25), ist, wird er – im Vergleich zu Petrus (vgl. 21,22) – zu einer bleibenden Autorität. Nur darauf zielt der Verfasser ab, wenn er den Lieblingsjünger an den zentralen Stellen der Passions- und Auferstehungsgeschichte einfügt.
– Er ist Zeuge der Passion (13,23–25; 18,15f; 19,35), erster Zeuge der Auferstehung (20,8) und des Auferstandenen (21,7). Damit ist er Zeuge des Evangeliums (vgl. 21,24a), dessen Zeugnis als Evangelium vorliegt (21,24b).[112] Der genannten Intention entspricht es ferner,
– wenn der Lieblingsjünger – und nicht Petrus – nach Jesu Tod für dessen Mutter Sorge trägt (19,26f). Diese Aufgabe ist (neben der Verfasserschaft des Evangeliums) Konkretion seiner bleibenden Autorität.

Die Lieblingsjünger-Tradition, soviel ist deutlich, impliziert die Hervorhebung des Lieblingsjüngers[113] gegenüber Petrus. Im Motiv des Wettlaufs spiegelt sich wahrscheinlich die Konkurrenz zwischen der hinter dem Lieblingsjünger stehenden johanneischen Gemeinde und der großkirchlichen Gemeinde, die Petrus repräsentiert, wider.[114]

V. 8 steht in Spannung zu V. 9. Einerseits kam der Lieblingsjünger zum Glauben, nachdem er die Leinentücher sah, andererseits hätte er, so V. 9, durch das Unverständnis der Schrift nicht zum Glauben kommen können. Ursprünglich wird sich

---

111 Vgl. M. Hengel, Die johanneische Frage. Ein Lösungsversuch, WUNT 66, Tübingen 1993, 218.
112 Vgl. E. Hirsch, Studien zum vierten Evangelium. Text, Literarkritik, Entstehungsgeschichte, BhTh 11, Tübingen 1936, 182.
113 Vgl. T. Lorenzen, Der Lieblingsjünger im Johannesevangelium, SBS 55, Stuttgart 1971, 25f.
114 Vgl. G. Lüdemann, Auferstehung, 187.

V. 9 daher allein auf Petrus bezogen haben (vgl. Lk 24,12: „er wunderte sich, was geschehen war"). Wahrscheinlich war die Spannung zwischen V. 8 und V. 9 für den Verfasser der Tradition vom Grabbesuch kaum von Bedeutung, vermag er doch mit V. 9 ein vollwertiges Zeugnis für die Auferstehung Jesu zu geben: der Lieblingsjünger glaubt unabhängig vom Schriftverständnis und ohne jeden (Schrift-)Beweis (vgl. 20,29). Das Zeugnis wiegt freilich schwerer, wenn es gilt, den Vorwurf eines Verlegens der Leiche Jesu zu widerlegen, als die aufgefundenen Leinentücher (V. 7) oder die Legende von der Grabwache (Mt 27,62–66; 28,11–15).

V. 11–18: „Die Tradition ist ihrem Ursprung nach eine Erscheinungsgeschichte, die der Vf. erst sekundär mit der aus Mk bekannten Grabesgeschichte verknüpft und in die er V. 3–10 eingelegt hat."[115] Die Grabesgeschichte ist in Resten zu erkennen, wie der folgende Vergleich von V. 11c.12f mit Mk 16,5a–6a nahelegt:

Mk 16,5a: Und sie gingen hinein in das Grab	Joh 20,11c: beugte sie sich in das Grab vor
16,5b: und sahen einen Jüngling zur rechten Hand sitzen, der hatte ein langes weißes Gewand an, und sie entsetzten sich.	20,12: Und sie sah zwei Engel in weißen Gewändern sitzen, einen am Kopf und den anderen zu Füßen, wo der Leichnam Jesu gelegen hatte.
16,6a: Er aber sprach zu ihnen: Entsetzt euch nicht.	20,13a: Und die sprachen zu ihr: Frau, warum weinst du?

Die Darstellung der Erscheinung hat die Form einer Rekognitionslegende, für die konstitutiv ist,

[...] daß Jesus zunächst unter alltäglichen Bedingungen, und darum unerkannt, auftritt und sich erst auf dem Höhepunkt der Darstellung durch einen ihm individuell eigenen Gestus (Lk 24,31f.) oder eine unverwechselbare Art der Anrede zu erkennen gibt.[116]

---

115 A.a.O., 191; vgl. M. Hengel, Frage, 225.
116 J. Becker, 723.

In der Paralleltradition Mt 28,9f (s. dazu sofort), einer Erscheinungslegende, ist dagegen Jesus ohne Verzögerung als Auferstandener zu erkennen.

Die Dialoge zunächst mit den Engeln (V. 13: Maria zeigt kein Anzeichen von Furcht; vgl. dagegen Mk 16,5b), dann in beinahe genauer Entsprechung mit dem vermeintlichen Gärtner (V. 15), der nur durch ihr (eigentlich doch unmotiviertes) Umwenden in ihren Blick gerät, veranschaulichen die Trauer der Magdalenerin, ihre Klage und ihre Ratlosigkeit (nicht nur gegenüber dem leeren Grab,[117] wie in V. 2, sondern nun auch) gegenüber ihrem Wunsch, den Leichnam Jesu zu holen (V. 15[Ende]). Hier scheint Joh 16,16–24 den Hintergrund zu bilden:

Joh 16,16–24:

(16) „Eine kurze Zeit und ihr seht mich nicht mehr; und wiederum eine kurze Zeit, so werdet ihr mich sehen." (17) Da sagten von seinen Jüngern (manche) zueinander: „Was bedeutet das, was er zu uns sagt: Eine kurze Zeit und ihr seht mich nicht mehr; und wiederum eine kurze Zeit, so werdet ihr mich sehen? Und: Ich gehe hin zum Vater?" (18) Sie sagten nun: „Was bedeutet das, was er kurze Zeit nennt? Wir wissen nicht, was er redet." (19) Jesus erkannte, dass sie ihn fragen wollten, und sprach zu ihnen: „Macht ihr euch untereinander Gedanken darüber, dass ich sagte: Eine kurze Zeit und ihr seht mich nicht mehr; und wiederum eine kurze Zeit, so werdet ihr mich sehen? (20) Wahrlich, wahrlich, ich sage euch: Ihr werdet weinen und klagen, aber die Welt wird sich freuen. Ihr werdet traurig sein, aber eure Trauer wird sich in Freude verwandeln [...] (22) [...] ich werde euch wiedersehen. Dann wird sich euer Herz freuen, und eure Freude nimmt niemand von euch. (23) Und an jenem Tag werdet ihr mich nichts (mehr) fragen [...]"

Dadurch, dass Jesus Maria bei ihrem Namen nennt (V. 16a), wird ihr Erkennen des Auferstandenen eingeleitet. Erst ihr Umwenden, das nur als ein Gewendet-Werden sinnvoll zu deuten ist[118] (V. 16b wie V. 14), ermöglicht die eigentliche Erscheinung (vgl. Lk 24,31: „Da wurden ihre Augen geöffnet, und sie

---

117 A.a.O., 724.
118 Das στραφεῖσα wird zumeist unnötig kompliziert erklärt. Beispiele: R. Bultmann, Evangelium, 532: „Das strapheisa bedeutet die plötzliche und lebhafte Bewegung auf ihn hin [...]"; R. Schnackenburg, 373: „Sie wen-

erkannten ihn."). Ihre entsprechende Anrede Jesu als „Rabbuni" (= Rabbi = Meister; vgl. Joh 1,38) fungiert als Beleg: „Wie Jesus Maria früher anredet, so nun auch Maria Jesus".[119]

Das Berührungsverbot V. 17a kommt unerwartet. Alle Erklärungsversuche, zumal psychologisierende,[120] sind kaum am Text zu verifizieren. Sicher ist, dass die seltsame Begründung, „denn ich bin noch nicht aufgestiegen zu meinem Vater" (V. 17a), nach dem Inhalt des Auftrags an Maria formuliert wurde: „Gehe aber zu meinen Brüdern und sage ihnen: Ich steige auf zu meinem Vater und zu eurem Vater, zu meinem Gott und zu eurem Gott" (V. 17b). Feierlich soll den Brüdern verkündigt werden, dass Jesu Tod Beginn seines Aufstiegs und damit ihr Heil ist. Nun ist das Berührungsverbot allerdings im Blick auf den Auftrag entbehrlich. Weder würde eine Berührung die Erledigung des Auftrags arg verzögern, noch kann das Verbot die Dringlichkeit des Auftrags betonen.

Folgende Deutung des Berührungsverbots ist noch die sinnvollste: Mit Hilfe einer Tradition, die ähnlich auch Mt 28,9f zugrunde liegt (hier findet sich sowohl die Berührung als auch die auffällige Bezeichnung „Brüder" für die Adressaten der Botschaft),[121] hat der Redaktor versucht, die Erkenntnis der Magdalenerin dem Glauben des Lieblingsjüngers (V. 8) anzugleichen: Marias Erkenntnis bedarf ebenso wenig wie der Glaube des Lieblingsjüngers des Beweises. Nicht einmal der

---

det sich ihm zu […]"; Ch.K. Barrett, 541: „Wahrscheinlich hatte sie sich von dem vermeintlichen Gärtner abgewandt und zum Grab geblickt; nun, als sie seine Stimme erkannte, wandte sie sich ihm wieder zu." Dazu: Sowohl in V. 14 als auch in V. 16 hat das Umwenden aus der Sicht Marias keinen Grund. In ersterer Szene bricht der Dialog mit den Engeln ab, in letzterer Szene steht sie ja vor Jesus, den sie für den Gärtner hält. Daher ist das Umwenden allein als ein Geschehen zu deuten, das schrittweise auf die Erscheinung hinführt.

119 J. Becker, 725.
120 Vgl. nur R. Bultmann, Evangelium, 532: „Das Streben Marias, sich an Jesus anzuklammern, dient […] als Symbol für die Angst der Jünger, sich von Jesus scheiden zu müssen […]"
121 Während J. Becker vermutet, dass V. 11–18 auf eine hinter Mt 28,9f stehende Tradition zurückgeht, bestreitet G. Lüdemann, Auferstehung, 192, dass Mt 28,9f ursprünglich auf eine Christophanie vor Frauen zurückgeht, und vermutet, dass es sich auf der Stufe der Tradition um die elf (bzw. zwölf) Jünger oder eine andere Jüngergruppe handelt (vgl. a.a.O., 163–165).

Glaube des Thomas (20,24–29) bedarf letztlich der Berührung des Auferstandenen. Doch bleibt auch diese Deutung zugegebenermaßen nur ein Versuch.

Maria verkündigt den Jüngern zunächst: „Ich habe den Herrn gesehen" (V. 18a). Erst anschließend gibt sie die Botschaft des Auferstandenen weiter (V. 18b). Hier klingt erneut 16,16–24 an: Die Weissagung der Trauer, der Klage, der Ratlosigkeit – und des Wieder-Sehens hat sich erfüllt.

Die ursprünglichen Vorstellungen, die mit Joh 20,1–18 verbunden waren, müssen für die verschiedenen Traditionsstufen einzeln benannt werden:

- Mit der den V. 1f11–18 zugrundeliegenden Grabesgeschichte wurde sicher eine apologetische Intention verbunden.
- Die Erscheinung vor Maria V. 1f11–18 bezeugt das Osterkerygma.
- Die Tradition vom Wettlauf der Jünger spiegelt die Konkurrenz zwischen der johanneischen Gemeinde und der großkirchlichen Gemeinde wider.

Maria aus Magdala, Petrus und der Lieblingsjünger gehen auf historische Personen zurück. Ob aber die Erscheinung vor der Magdalenerin im Kern als historisch anzusehen ist[122], muss ebenso offen bleiben wie die Frage, ob die Lk 8,2 erwähnte Heilung der Maria (von sieben bösen Geistern) einen historischen Ursprung hat. Immerhin zeigt ihre Hervorhebung – darin ist *Susanne Heine* unbedingt Recht zu geben –, dass sie „eine Person von Rang und Bedeutung"[123] gewesen ist.

---

122 Positiv urteilen z.B. Benoit, Bovon, Schottroff und (vorsichtig) Heine.
123 S. Heine, 194.

Abb. 4: Friedrich Herlin,
Die heilige Maria Magdalena salbt
Christus die Füße ein, Öl auf Holz,
1462–65, Außenflügel des St. Georg Altars,
Nördlingen, Städtisches Museum.

4.3. Lebensstilorientierte Annäherung

4.3.1. Identifizierung der Ausdrucksformen

Das Erleben und Verhalten der Maria zeigt eine Reihe von
Motiven, die einem Trauerprozess zuzuordnen sind (im Folgenden kursiv):

– Am ersten Tag der Woche *kommt Maria von Magdala früh,*
  als es noch dunkel war, zum Grab und sieht, dass der Stein
  vom Grab weggenommen war (V. 1): Einschränkung der
  Dynamik
– Da läuft sie und kommt zu Simon Petrus und zu dem anderen
  Jünger, den Jesus lieb hatte, und *sie sagt zu ihnen: „Sie haben*
  den Herrn aus dem Grab weggenommen, und wir wissen
  nicht, wo sie ihn hingelegt haben" (V. 2): Ratlosigkeit
– *Maria aber stand draußen vor dem Grab und weinte. Als sie*
  nun weinte, beugte sie sich in das Grab vor (V. 11): Weinen
– Und sie sah zwei Engel in weißen Gewändern sitzen, einen
  am Kopf und den anderen zu den Füßen, wo der Leichnam
  Jesu gelegen hatte (V. 12)
– *Sie spricht zu ihnen: „Sie haben meinen Herrn weggenommen,*
  und ich weiß nicht, wohin sie ihn gelegt haben" (V. 13b): Klage
– Und als sie dies sprach, *wandte sie sich nach hinten um* und
  sieht Jesus dastehen, wusste aber nicht, dass es Jesus ist (V. 14)
– Sie meint, es sei der Gärtner, und *sagte zu ihm: „Herr, hast du*
  ihn weggetragen, so sage mir, wohin du ihn gelegt hast, und ich
  will ihn holen" (V. 15): Anlage
– Sie wandte sich um und spricht zu ihm auf hebräisch: „Rabbuni!", das heißt: Meister! (V. 16)
– Maria von Magdala geht und verkündigt den Jüngern: „Ich
  habe den Herrn gesehen", und er habe ihr dies gesagt. (V. 18)

4.3.2. Identifizierung einer einheitlichen Dynamik

Eine individualpsychologische Auslegung von Joh 20,1–18
liegt nicht vor. *Fritz Künkel* bietet allerdings eine Deutung der
Paralleltradition Mt 28,1–10[124], genauer: der Angelophanie V.
2–8 an, die hier der Meditation *Eugen Drewermanns*[125] über
Joh 20,1.11–18[126] gegenübergestellt werden soll.

---

124 F. Künkel, 298–300. Nachweise werden im Text gegeben.
125 E. Drewermann, 155–184. Nachweise werden im Text gegeben.
126 Zu Drewermanns Meditation über V. 3–10 vgl. J. Frey, 166–169, und
     die deutlichere Kritik G. Lüdemanns, Texte, 40f.

Fritz Künkel

Künkel bespricht Mt 28,1–10 unter der Überschrift „Das Licht vom Jenseits":

Die beiden Marien starren in die unendliche Dunkelheit des Todes. Das Grab, der Schoß der Erde, ist leer. Dann werden sie von Furcht und Freude ergriffen. Sie sehen das Licht ‚wie einen Blitz!', und sofort wird es für sie zu einem Engel [...] Die Frauen, die das Geheimnis unendlichen Lebens in sich tragen, sind eher bereit als die Männer, auf das Geheimnis metaphysischer Wiedergeburt zu reagieren. Das Grab, der Schoß der Mutter Erde, ist für sie wie die Wiege des geistlichen Lebens nur eine andere, höhere Form ihrer eigenen Erfahrung der Mutterschaft. Deshalb werden sie ausgesandt, um den Jüngern zu verkünden: ‚Er ist auferstanden von den Toten!' (28,7). Diese Botschaft ist zuallererst eine Erfahrung, eine Tatsache, die die beiden Frauen mit absoluter Gewißheit begreifen. (298)

Über die Erfahrung des Lichtes, so *Künkel,* werde in vielen Religionen berichtet. Doch sei stets nur entweder vom objektiven Licht als Zeichen der Gegenwart Gottes oder vom subjektiven Licht, „das die Seele des Mystikers mit ewiger Wonne erfüllt" (299), die Rede. In beiden Fällen ergebe sich daraus keine dauernde Veränderung der Wirklichkeit. Das Besondere der Erscheinung vor den Frauen sei nun, dass sie zu gleicher Zeit das äußere und das innere Licht erfassten:

Das Jenseits brach wie der Blitz durch den äußeren Zusammenhang von Raum und Zeit, genauso, wie Jesus gesagt hatte, daß der Menschensohn erscheinen würde (24,27). Und die innere Struktur ihres Geistes wankte: Sie empfanden das Erdbeben, die Veränderung der inneren Welt (28,2). (ebd.)

Künkel folgert, die Menschheit entwachse den Grenzen von Raum und Zeit nur,

[...] wenn die Toten oder wenigstens einige von ihnen nach dem Tode weiterleben, und wenn jene, die noch nicht gestorben sind, ihre Unsterblichkeit erkennen und dementsprechend leben. Die plötzliche Erfahrung des Lichtes – der Blitz – wird dann zur Grundlage einer dauernden Veränderung, eines organischen Wachstums der menschlichen Natur. Das Individuum kann von nun an einen Reifegrad erreichen, der es befähigt, sich durch den Tod hindurch dem unsterblichen Geist jenseits von Raum und Zeit zuzugesellen, und dieser

Vorgang kann von denen beobachtet werden, die selbst noch im Raum und in der Zeit genügend heranreifen, um das Jenseits in sich wahrzunehmen. Eben dies ereignete sich in den beiden Marien. (299f)

Wie bereits in seiner Auslegung von Mt 8,28–34 (o., S. 121) kommt auch hier *Künkels* Vorverständnis, die Überwindung des Widerspruchs zwischen der subjektiven und der objektiven Wirklichkeit geschehe allein durch Gnade und sei letztlich ein Wunder, zur Wirkung. Entsprechend wird der Text wiederum selektiv wahrgenommen. Waren es zunächst die zwei Besessenen in der matthäischen Fassung der Gerasenererzählung, die für die Dualität der Zerstörung standen, so führt *Künkel* hier die Unmöglichkeit dauernder Veränderung der Wirklichkeit auf die entweder nur äußerliche oder nur innerliche Erfahrung des Lichtes zurück. Allein das Widerfahrnis der Einheit der Erfahrungen (so in der Angelophanie vor den Frauen in der matthäischen Erscheinungsgeschichte) könne zur Grundlage dauernder Veränderung werden.

Eugen Drewermann

Drewermanns Meditation über Joh 20,1.11–18 scheint einer lebensstilorientierten Annäherung näher zu stehen als *Künkels* Deutung von Mt 28,1–10. *Drewermann* erkennt eine dreistufige Entwicklung der Maria (eine „dreifache Umkehr" [158]).

„Eine gewisse Parallele zu der Gestalt der Maria von Magdala und ihrem Bekenntnis vom Sieg des Lebens über den Tod" sieht *Drewermann* mit Recht „in der Gestalt des Besessenen von Gerasa, der von einer ‚Legion' böser Geister heimgesucht war, ehe Jesus ihm entgegentrat und ihn heilte" (279f Anm. 5). Während der Gerasener am Werk der Mission mitarbeitete, konnte die von sieben bösen Geistern geheilte Magdalenerin (Lk 8,2), so *Drewermann*, fortan ohne den Heiler nicht weiter leben,

[…] und so ging sie mit ihm in dem sicheren Gefühl, ihn immerdar lieben zu müssen und in ihm alles das zu finden, was sie zum Leben brauchte (162). Mit seinem Tod starb auch ihr Leben […] Einzig auf Erden liebt sie jetzt nur noch das Grab, in dem er liegt, der sie hat leben lassen. ‚Früh, während es noch dunkel ist', begibt sie sich auf diesen Weg zu ihm, wie wenn sie alle Nacht und alle Todesdunkelheit mit ihm gemeinsam teilen wollte (163). So wie sie ihn mit seinem

Leben bei sich aufgenommen hatte, so möchte sie den Toten jetzt mit ihrer sanften Traurigkeit bedecken und umschließen wie etwas, das fortan nur ihr gehört, ihr Einziges, das Letzte, was ihr noch verbleibt: sein Leib, wenigstens noch sein Leib soll ihr nicht mehr genommen werden. Ihr Leben hat fortan nur noch den Sinn, ein Totendienst zu sein. (164)

Der Ort, an dem der Leib Jesu gelegen hatte, so fährt *Drewermann* fort, stellte die Verlorenheit Marias behutsam in Frage:

Alle wirkliche Traurigkeit hat die Tendenz, sich selbst ins Grenzenlose auszuweiten, und jede schwere Depression saugt die gesamte Welt wie in ein Vakuum in sich hinein; alles ringsrum erscheint dann nur wie eine sichere Bestätigung der Hohlheit und der Leere aller Dinge. Darum ist schon unendlich viel gewonnen, wenn die Verzweiflung in den Grund ihrer Resignation zurückgeführt wird und etwas von der Selbstverständlichkeit verliert, mit der sie sich umgibt. ‚Frau, warum weinst du?‘, diese Fragestellung ist das erste, was von den leeren Steinen der Grabkammer ausgeht. (165)

Die Engelsworte seien Teil einer inneren Erfahrung, die ganze Erzählung vom Ostermorgen sei als symbolische Beschreibung einer inneren Erfahrung zu lesen (281 Anm. 14). Innerlich wende sich Maria nun vom „Grabe" weg (V. 14), alles Äußerliche mit dem leeren Grab verloren, schaue sie, sich traurig erinnernd, zurück (166f). Das zweite Umwenden Marias (V. 16) sei dann das Entscheidende:

Denn jetzt, wo Jesus sie bei ihrem Namen ruft, wird diese Frau aus Magdala endgültig fähig, sich von dem Blick nach rückwärts freizumachen, sich von dem sehnsüchtigen Starren auf das, was gewesen ist, zu lösen und nach vorn zu blicken. Es wird dieser ganz und gar an sich selbst und aller Welt Verzweifelten jetzt möglich, von der Vergangenheit weg sich ein für allemal der Zukunft zuzuwenden. (169)

In dieser neuen „Wendung" liege der eigentliche Kern des Glaubens an die Auferstehung Jesu (169f).

Indem *Drewermann* Joh 20,1.11–18 wesentlich als Beschreibung eines Trauerprozesses deutet, ist der Gang seiner Meditation nachvollziehbar. Doch bedarf die Meditation *einerseits* der Anreicherung des Textes. Zwischen Lk 8,2 und Joh 20,1.11–18 bestehe, so setzt *Drewermann* voraus, ein „innerlicher" Zusammenhang (165). Die Absicht des Grabganges sei der

Wunsch, den Toten zu „besitzen". Die Frage des Engels V. 13 symbolisiere die behutsame Infragestellung der Verlorenheit der Magdalenerin durch das Grab. Das erste Umwenden der Maria (V. 14) leite eine regressive Phase ein. *Andererseits* bedarf *Drewermanns* Deutung des Textes als Beschreibung intrapersonalen Geschehens der Streichung beinahe aller Hinweise auf interpersonales Geschehen (bes. V. 2 und in V. 13–15). Die Trauer der Maria kommt aber gerade in ihrem Verhalten zu den anderen Figuren der Erzählung (Petrus [und der Lieblingsjünger], der Engel, der vermeintliche Gärtner) zum Ausdruck.

4.3.3. Hypothese zum Ziel

Anders als *Drewermann* sieht *Adler* die Trauer als einen auf das soziale Umfeld ausgerichteten, motivierten Affekt an. *Adler* beschreibt die Trauer wie folgt:

Der Affekt der Trauer tritt ein, wenn einem Menschen eine Entziehung, ein Verlust widerfährt, worüber er sich nicht leicht zu trösten vermag. Auch die Trauer trägt Keime in sich, ein Unlust-, also ein Schwächegefühl zu beseitigen, um eine bessere Situation herzustellen. In dieser Hinsicht ist sie ebensoviel wert wie ein Zornausbruch, nur tritt sie bei anderen Anlässen auf, hat eine andere Attitüde und andere Methoden. Auch hier sehen wir dieselbe Linie zur Überlegenheit. Während beim Zorn die Bewegung *gegen* den anderen gerichtet ist und dem Zornigen rasch ein Gefühl der Erhöhung und dem Gegner eine Niederlage bringen soll, ist es bei der Trauer zunächst eine Einschränkung des seelischen Besitzstandes, die notwendig und in kurzer Zeit ebenfalls wieder zu einer Ausdehnung führt, indem der Traurige einem Gefühl der Erhöhung und Befriedigung zustrebt. Das kann aber ursprünglich in nichts anderem bestehen als in einer Entladung, in einer Bewegung, die […] gegen die Umgebung gerichtet ist. Denn der Trauernde ist eigentlich ein *Ankläger,* und damit stellt er sich in Gegensatz zu seiner Umgebung. So natürlich die Trauer im Wesen des Menschen auch liegt, so ist in ihrer Überspannung doch etwas der Umgebung Feindliches, Abträgliches enthalten. Die Erhöhung ist für den Trauernden durch die Stellungnahme der Umgebung gegeben. Es ist bekannt, wie trauernde Menschen oft dadurch Erleichterung finden, daß sich jemand in ihren Dienst stellt, sie bemitleidet, stützt, ihnen etwas gibt, ihnen zuspricht usw. Erfolgt die Entladung unter Tränen und Klagen, so erscheint dadurch nicht nur der Angriff auf die Umgebung eingeleitet, sondern auch die Erhebung des Trauernden über seine Umgebung nach Art eines Anklägers, Richters und Kritikers. Der Zug des Verlangens, des Heischens ist deutlich erkennbar. Immer wird die Umgebung in vermehrter Weise beansprucht. Die Trauer ist wie ein Argument, das für den anderen bindend und unwiderstehlich sein soll, dem sich dieser beugen muß. Auch dieser Effekt weist demnach die Linie auf, die von unten nach oben führt und den Zweck hat, den Halt nicht zu verlieren und das Gefühl der Machtlosigkeit und Schwäche auszugleichen.[127]

Die Trauer stellt also „[…] einen der tausend Typen vor, die alle nach Vollendung, nach einer sicheren Plussituation suchen."[128] Neben dieser ausgleichenden Funktion sieht *Adler* die missbräuchliche Anwendung des Affekts:

Die Arbeit mit [..] Affekten kann [sc. bei Kindern] zur Gewohnheit werden und eine Ausgestaltung erfahren, die man nicht mehr als normal empfindet. Man sieht dann später im Leben der Erwachsenen regelmäßig mißbräuchliche Anwendungen dieser Affekte und es kommt jene wertlose und abträgliche Erscheinung zustande, wo in einer Art spielerischer Betätigung Zorn, Trauer oder andere Affekte in Szene gesetzt werden, nur um zum Ziel zu gelangen, um etwas durchzusetzen […] Oft wird z.B. Trauer so laut und aufdringlich geäußert, wie wenn sie einen Ruhmestitel bedeuten würde, so daß sie abstoßend wirkt. Es ist interessant zu beobachten, wie manchmal geradezu ein Wettstreit mit der Trauer vor sich geht.[129]

Als Ziel der Magdalenerin kann die Überwindung ihrer Mangellage bestimmt werden. Ihren Lebensstil kennzeichnen Motive eines Trauerprozesses: Einschränkung der Dynamik, Ratlosigkeit, aber auch das Weinen, die Klage und die Anklage, mit denen sie ihr soziales Umfeld in ihren Dienst zu stellen sucht.

4.3.4. Lebensstilorientierte Deutung der Ausdrucksformen

V. 1f: Die Trauer Marias als Einschränkung der Dynamik ihres Lebensstils

Maria kommt allein, noch in der Dunkelheit und ohne erkennbare Absicht zum Grab (V. 1a). Der Blick auf die Paralleltraditionen der synoptischen Evangelien zeigt, dass die Kombina-

---

127 A. Adler, Menschenkenntnis, 236f.
128 Ders./E. Jahn, 68.
129 A. Adler, Menschenkenntnis, 237f.

tion aus den Angaben der Personen, der Zeit und der Absicht aussagefähig ist: Mk 16,1f: Drei Frauen kamen, als die Sonne aufging, um den Leichnam zu salben. Mt 28,1: Zwei Frauen kamen bei Morgendämmerung, um das Grab zu betrachten. Lk 24,1: Mehrere Frauen kamen sehr früh, um den Leichnam zu salben. Der gemeinsame Gang der Frauen bei Markus, Matthäus und Lukas ist motiviert. Anders die Magdalenerin im Johannesevangelium: Ihr Gang zum Grab ist ziellos, entsprechend geht sie allein und noch in der Dunkelheit (einer Zeit der Passivität).

Der Anblick des Grabes (V. 1b) ist dann, wie *Drewermann* mit Recht betont, entscheidend, nicht jedoch, indem er eine regressive Phase einleitet, sondern indem von nun an die Trauer der Maria zielgerichtet, genauer: auf ihr soziales Umfeld ausgerichtet ist. Sie ergreift die Initiative, eilt zu Petrus und dem Lieblingsjünger und gibt zunächst ihrer Klage, dann ihrer Ratlosigkeit Sprache[130] (V. 2).

V. 3–10: Ein Kontrastbild?

Die eingefügte Tradition lässt eine Aussage im Blick auf Maria nicht zu. Allenfalls darf der stumme Wettlauf der Jünger im Sinne eines „Wettstreits mit der Trauer" als Kontrastbild, als missbräuchliche Anwendung des Affekts im Gegensatz zur ausgleichenden Trauer der Maria, gesehen werden.

V. 11–18: Die Trauer Marias als ihr Streben nach Überwindung einer Mangellage

Nachdem Petrus und der Lieblingsjünger sich nicht in den Dienst der Trauernden haben stellen lassen und das Ziel des Affekts, die Überwindung der Mangellage, damit nicht erreicht ist, verstärkt Maria die Bewegung.

Erst ihr Weinen wird beantwortet: „Frau, warum weinst du?" (V. 13a). Nun wiederholt sie vor den Engeln die Klage über das vermeintliche Verlegen des Leichnams und ihre Rat-

---

130 Adler bezeichnet die Sprache als „deutliches Resultat des gemeinschaftlichen Lebens": „Man kann sich von einer Erscheinung, wie sie die Sprache ist, den Begriff der Allgemeingültigkeit nicht wegdenken, was darauf hinweist, daß sie im sozialen Leben der Menschen ihren Ursprung hat. Sprache ist für ein einzeln lebendes Wesen ganz überflüssig" (Menschenkenntnis, 40).

losigkeit, wo man den Leichnam hingelegt haben würde (V. 13b) – doch ohne weiteren Erfolg. Sie wendet sich um und sieht Jesus, den sie für den Gärtner hält. Dessen Reaktion auf das Weinen der Maria geht weiter als das Engelswort: „Warum weinst du? Wen suchst du?" (V. 15a). Aus der Klage wird eine zumindest implizite persönliche Anklage („Herr, hast *du* ihn weggetragen [...]"), die Ratlosigkeit geht über in den Wunsch, den Leichnam zu holen (V. 15b).

Die Erscheinungsszene (V. 16–18) kann nur insofern herangezogen werden, als Maria Jesus auf die Weise anredet, auf die sie ihn in gemeinsamer Zeit angeredet hat: „Rabbuni!", d.h., durch die Anrede bleibt er für sie – wie auch immer – der Lebendige.[131]

4.3.5. Fazit

Nach einer kurzen, die Dynamik ihres Lebensstils einschränkenden Phase dient der Affekt der Trauer Maria Magdalena dazu, gradlinig die Überwindung der durch den Tod Jesu entstandenen Mangellage anzustreben. Diesem Ziel dient die vermehrte Inanspruchnahme ihres sozialen Umfelds.

---

131 Hier gilt das von M. Lurker im „Wörterbuch der Symbolik", Stuttgart ⁵1991, 514, Gesagte: „Im Denken der frühen Völker ist der N[ame] wie Bild oder Schatten ein Symbol des Gemeinten und kann seine Stelle vertreten. Ein Sprichwort der alten Ägypter lautete: ‚Wessen Name ausgesprochen wird, der lebt.'" Vgl. dazu A. Adler, Individual Psychology, in: C. Murchison (Hg.), Psychologies of 1930, Worcester 1930, (395–405) 402 (hier zitiert nach: H.L. Ansbacher/R.R. Ansbacher, 113): „‚Richtig' zu hören, zu sehen oder zu sprechen bedeutet, sich vollständig an einen anderen oder an eine Situation zu verlieren, sich mit ihm oder mit ihr zu identifizieren. Die Fähigkeit der Identifizierung, die uns allein zur Freundschaft, zur Liebe zur Menschheit, zum Mitgefühl, Beruf und zur Liebe befähigt, ist die Grundlage des Gemeinschaftsgefühls und kann nur in Verbindung mit anderen praktiziert und ausgeübt werden. In dieser absichtlichen Angleichung an einen anderen Menschen oder an eine Situation liegt die ganze Bedeutung des Verstehens."

4.3.6. Ausblick

Die Glaubenserfahrung erwirkt bei Maria eine Korrektur ihres
Lebensstils: Sie stellt sich nun in den Dienst ihres sozialen
Umfelds, nicht mehr klagend oder anklagend, sondern sie verkündigt den Jüngern: „Ich habe den Herrn gesehen", und er
habe ihr dies gesagt (Joh 20,18).

4.4. Beziehung auf das eigene Leben

Maria Magdalena stellt die Frage nach je eigenen Ausdrucksformen in einem Trauerprozess.

– Gibt es Situationen, in denen ich mich klagend oder anklagend verhalte?
– Erkenne ich in meinem Verhalten eine vermehrte Inan-
  spruchnahme meines sozialen Umfelds? Welche Forderun-
  gen stelle ich? Welche konkreten Ziele verfolge ich?
– Wird meine Bewegung von einem fiktiven Ziel bestimmt?
  Kann ich mein Ziel im Spiegel des für Maria aus Magdala
  angenommenen Ziels, ihre durch den Tod Jesu entstandene
  Mangellage zu überwinden, erkennen?
– Bietet mir der Ausruf der Maria, mit der sie ihre Ostererfah-
  rung in Sprache bringt – „Rabbuni!" (Joh 20,16) – eine neue
  Perspektive?

VI. Schluss: Predigt über 1 Petr 1,3[1]

1 Petr 1,3:

Gelobt sei Gott, der Vater unseres Herrn Jesus Christus, der uns nach seiner großen Barmherzigkeit wiedergeboren hat zu einer lebendigen Hoffnung durch die Auferstehung Jesu Christi von den Toten.

„Es waren fünf Erbsen in einer Erbsenschote, sie waren grün, und die Schote war grün, und da glaubten sie, daß die ganze Welt grün sei, und das war ganz richtig. Die Schote wuchs, und die Erbsen wuchsen, sie richteten sich nach der häuslichen Ordnung ein; sie saßen in einer geraden Reihe."

Das ist der Anfang eines Märchens von *Hans Christian Andersen.*[2]

„Draußen schien die Sonne und erwärmte die Schote, der Regen machte sie klar, es war behaglich und gut, hell am Tag und dunkel in der Nacht, so wie es sein sollte. Und die Erbsen wurden größer und immer gedankenvoller, wie sie so dasaßen, denn etwas mußten sie ja tun."

Die Erbsen überlegten, da draußen müsste es doch eigentlich noch irgendetwas geben. Irgendein Ziel für ihr Erbsenleben. Das konnte doch nicht wirklich alles sein, ein Leben lang nur in dieser Schote rumzusitzen, so behaglich das auch war!

Wochen vergingen. „[D]ie Erbsen wurden gelb, und die Schote wurde gelb. ‚Die ganze Welt wird gelb!', sagten sie, und das durften sie sagen."

---

1 Gehalten am 22. Februar 2008 in der St. Nicolai-Kirche in Alfeld; hier
   leicht verändert.
2 H.C. Andersen, Gesammelte Märchen. Band II. Aus dem Dänischen übersetzt von F. Storrer-Madelung, Manesse Bibliothek der Weltliteratur,
   Zürich 2005, 32–37.

Das Märchen des großen dänischen Dichters erzählt von der Lebenssehnsucht; es fragt nach dem Wozu aller Sehnsucht, nach dem Ziel, dem geheimnisvollen Ziel – nicht nur im Erbsenleben. Wozu das Ganze? Die Fünf jedenfalls hatten ein unruhiges Herz in ihrer Schote: Da müsste doch eigentlich noch irgendetwas für sie kommen! Und wahrscheinlich sahen sie es schon vor sich in ihren Zukunftsträumen.

Und dann geschah, was geschehen musste. Die Schote platzte, und die fünf Erbsen rollten hinaus in den hellen Sonnenschein; sie wurden, so wie einst Jona aus dem Bauch des Walfisches, ins Leben ausgespuckt. Jetzt galt es, vorbei die unruhige Behaglichkeit in einer Schote – ab jetzt: Leben live.

„Nun möchte ich wissen, wer von uns es am weitesten bringt‚‘ sagte die kleinste Erbse.“ Und damit gab sie schon mal vor, wie ein Erbsenziel aussehen sollte. Es weit zu bringen, das wäre wenig; es am weitesten zu bringen, das muss das Ziel sein. Vielleicht klingt es etwas trotzig, wenn eine Erbse davon träumt, es am weitesten zu bringen, denn Weg und Ziel ihres Lebens sind wohl kaum verhandelbar, und ein Entkommen aus dem Erbsenleben gibt es nicht. Aber so schlecht standen die Chancen gar nicht.

Die Fünf fanden sich wieder in einer Kinderhand. Ein Junge mit einer Knallbüchse war ganz begeistert. Das seien ja ordentliche Erbsen, meinte er, nahm die erste, legte sie in seine Büchse und schoss sie weg.

„Jetzt fliege ich hinaus in die weite Welt", rief sie noch.

„Ich‘, sagte die zweite, ,fliege geradewegs in die Sonne‘."

Und die dritte und vierte waren sich sicher: „Wir bringen es am weitesten!"

Lebenssehnsucht kann schöne Bilder malen. Von Zielen, die zum Greifen nah sind, von einer Zukunft, die ich nur noch einfangen muss – und dann gehört sie mir, die weite Welt, die Sonne, noch viel mehr. Im Traum der Lebenssehnsucht gelingt alles, ich kann alles und alles allein. Da werden Erbsen zu Fliegern, und Menschen versuchen es mit Macht: einer gewinnt, einer verliert – also gewinne ich.

Der Traum ist trügerisch. Der Flug der Erbsen war kurz. Die erste fiel in die Dachrinne, die zweite, sie wollte zur Sonne, landete im Rinnstein. Sie quoll auf im sauren Wasser und wusste sich immerhin noch Trost zu sagen. Nun sei sie doch wohl die merkwürdigste von den fünfen aus der Erbsenschote. Drei und Vier wurden von Tauben gefressen. Alles in allem: Leben live kam anders als in den schönsten Schotenträumen.

Doch eine Erbse fehlt ja noch. Die letzte. „[S]ie flog hinauf zu dem alten Brett unter dem Dachkammerfenster, gerade hinein in eine Ritze, wo Moos und weiche Erde war, und das Moos schloß sich um sie; da lag sie verborgen, aber nicht vergessen [...]"

„Drinnen in der kleinen Dachkammer wohnte eine arme Frau", so erzählt der Dichter, „die am Tag ausging, um Öfen zu putzen, ja Holz zu sägen und schwere Arbeit zu verrichten, denn Kräfte hatte sie und fleißig war sie, aber trotzdem blieb sie arm. Zu Hause in der kleinen Kammer lag ihre halberwachsene, einzige Tochter, die so fein und schmächtig war; ein ganzes Jahr schon hatte sie zu Bett gelegen und schien weder leben noch sterben zu können."

Dann kam der Frühling. Die Sonne schien warm. Die Erbse keimte im Moos neben dem Fenster. Plötzlich waren da grüne Blätter. Das kranke Mädchen sah es und staunte. Die Mutter rückte ihr Bett näher an das Fenster. Das Mädchen staunte – nicht nur über das Leben, das da aus dem alten Brett wuchs, sondern auch darüber, dass das Leben in ihr selbst ganz neu erwachte. Mit jedem neuen Tag wurde die Erbse kräftiger, bis sie eine Blüte bekam, dann eine weißrote Blume. Mit der Erbse erblühte das Mädchen. Am Schluss sitzt sie in der Sonne und ist glücklich.

Ein Märchen von der Lebenssehnsucht, vom so geheimnisvollen Ziel des Lebens. Die Erbse brachte es nicht wirklich weit im Erbsenleben, gemessen an ihrer Zielvorgabe. Sie blieb, was sie war: Erbse. Und doch war sie viel mehr. Für das Mädchen in der Dachkammer wurde sie zu einer lebendigen Hoffnung. Weil Leben in ihr war, verborgen, aber nicht vergessen. Weil sie werden konnte, was sie war, und blühen, wo alles doch schon längst vorbei schien.

Warum zum Schluss *Hans Christian Andersen* und sein Märchen von den fünf Erbsen?

Weil er dem geheimnisvollen Ziel aller Lebenssehnsucht einen Schritt näher kommt. Weist das Märchen nicht auf das Ziel, von dem uns auch die Menschen in der Bibel erzählen? Eine lebendige Hoffnung sind wir, weil in jedem das Leben ist, oft verborgen, nie vergessen von Gott, zum Erblühen kräftig und ganz einfach so in Christus geschenkt. Und eine lebendige Hoffnung sollen wir einander werden, weil alle das erfahren sollen in ihren Erbsenschoten und Walfischbäuchen und in ihren unruhig behaglichen Zukunftsträumen, alles zu können und alles allein.

Raus da und hinein ins Leben. Wir haben alles, um glücklich zu sein, ein Ziel, das uns Ruhe finden lässt, bei Gott.

Einer in der Bibel, der es erfahren hat, sagt es ganz dankbar: „Gelobt sei Gott, der Vater unseres Herrn Jesus Christus, der uns nach seiner großen Barmherzigkeit wiedergeboren hat zu einer lebendigen Hoffnung durch die Auferstehung Jesu Christi von den Toten" (1 Petr 1,3).

Möge Gott uns dazu helfen, dass wir das können: einander eine lebendige Hoffnung zu sein.

VII. Quellennachweise

Einzelne Passagen der vorliegenden Arbeit basieren auf bereits veröffentlichten Texten, die für diesen Band überarbeitet worden sind:

Vgl. zu Kapitel II („Am Leben abgelauscht – Der Lebensstil biblischer Menschen in psychologischer Perspektive"): Interesse am Mitmenschen. Lebensstilorientierte Bibelerschließung im biblischen Unterricht, Frankfurt/M. u.a. 2001, 21–40.

Vgl. zu Kapitel III („Ein unsichtbarer Steuermann – Der Lebensstil biblischer Menschen in religions- und gemeindepädagogischer Perspektive"): Der unsichtbare Steuermann – Lebensstilorientierung im biblischen Unterricht, in: Lebendige Katechese 24, 2002, 132–135; Interesse am Mitmenschen. Ein Vorgehen im Anschluss an Oskar Spiels Begriff der „Enthüllung", in: Zeitschrift für Individualpsychologie 29, 2004, 48–52.

Vgl. zu Kapitel IV („Das Interesse eines Menschen am Mitmenschen – Lebensstilorientierte Bibelerschließung"): Interesse am Mitmenschen (s.o.), 41–57; Einführung in die individualpsychologische Bibeldidaktik. Grundlagen und Impulse für die Praxis, Frankfurt/M. u.a. 2004, 54–65.

Vgl. zu Kapitel V.1 („Simon aus Galiäa"): Simon aus Galiläa. Eine lebensstilorientierte Annäherung, in: Evangelische Theologie 67, 2007, 179–192.

Vgl. zu Kapitel V.2 („Saulus aus Tarsus"): Paulus von Tarsus. Eine lebensstilorientierte Annäherung, in: Theologische Zeitschrift 58, 2002, 31–45.

Vgl. zu Kapitel V.3 („Der Besessene aus Gerasa"): Die Heilung des Geraseners. Individualpsychologische Aspekte einer Wundergeschichte, in: Lebendige Seelsorge 50, 1999, 52–56.

Vgl. zu Kapitel V.4 („Maria aus Magdala"): Interesse am Mit-menschen (s.o.), 91–107.

Abbildungen

Abb. 1 (S. 72): Hans Fronius, Der Verrat des Petrus, 1977, Lithografie, 39 × 53 cm; © Christin Fronius.

Abb. 2 (S. 93): Lovis Corinth, Der Apostel Paulus, Öl auf Leinwand, 120 × 90 cm, 1911, Kunsthalle Mannheim; © Kunsthalle Mannheim. Foto: Margita Wickenhäuser.

Abb. 3 (S. 116): Die Heilung des Besessenen von Gerasa, Mai-land, um 968, Elfenbein, 12,8 × 11,7 cm, Hessisches Landes-museum Darmstadt; © Hessisches Landesmuseum Darmstadt.

Abb. 4 (S. 137): Friedrich Herlin, Die heilige Maria Magdalena salbt Christus die Füße ein, Öl auf Holz, 1462–65, Außen-flügel des St. Georg Altars, Nördlingen, Städtisches Museum; www.uni-leipzig.de.